사회주의 사상가들이 꿈꾼 유토피아

Ideology and history of socialism
By Kang Dae-Suk

Published by Hangilsa Publishing Co., Ltd., Korea, 2018

사회주의 사상가들이 꿈꾼 유토피아

플라톤에서 엥겔스까지 그들의 휴머니즘과 실천적 사랑

강대석 지음

My Little Library 6

한길사

"진정한 사회주의는 현실적인 인간이 아니라
'인간 그 자체'에 관심이 있으며
모든 혁명적인 열정을 잃어버리고
그 대신 인류에 대한 보편적인 사랑을
부르짖는다."

· 맑스

모두가 진정한 주인이 되는 세상을 꿈꾸며
· 책을 내면서

"인간의 의식이 인간의 존재를 결정하는 것이 아니라 인간의 사회적 존재가 인간의 의식을 결정한다."

인간은 항상 좀더 나은 미래를 꿈꾸며 살아간다. 무엇인가를 생각하는 인간은 더 좋은 삶을 상상하기 마련이다. 다시 말하면 인간은 항상 꿈과 이상을 지닌다. 그러한 이상은 현실에 대한 불만에서 나올 수도 있고 인간만이 지닌 상상력이 낳은 산물일 수도 있다. 이상이 없는 삶은 너무 무미건조하다. 가장 절망적인 순간에도 아름다운 꿈을 꾼다는 것은 얼마나 사랑스러운 일인가. 인간은 항상 더 좋은 미래를 꿈꾸며 그것을 글로 표현하기도 했다. 선각자들은 그러한 이상을 소설로 표현하고 철학으로 제시했다. 고대 중국에서는 공자, 노자, 묵자 등이 그러한 이상을 내세웠다.

결국 인간은 사회를 떠날 수 없는 사회적 존재이므로 인간의 이상은 아름답고 조화로운 사회 건설과 결부되었다. 개인의 꿈은 개인과 함께 소멸한다. 그러나 자기 혼자만이 아니라 모두가 행복하게 살 수 있는 사회에 대해 생각한 사람들은 그것을 글로 남겼다. 사상가들은 인간의 불행이 사유재산의 차이에서 온다는 것을 간파했다. 사유재산이 폐지되고 부를 공동으로 관리하고 사용하는 사회가 인간을 행복하게 한다고 확신했다. 이러한 이상적인 사회구조가 바로 '사회주의'며 사회주의를 염원하는 사상가들과 철학자들이 고대부터 현대에 이르기까지 끊임없이 등장했다.

나는 이 책을 인류 역사에 등장한 사회주의 사상가들의 이념과 역사를 간략하게 소개하려는 의도로 저술했다. 인류 역사에 나타난 사회주의 사상을 크게 '공상적 사회주의'와 '과학적 사회주의'로 구분했다. 나는 물론 인류 역사에 나타난 사회주의 사상을 모두 다룬 것이 아니라 시대 변화에 따라 대표적인 사상을 선별했다. 과거 사상에 대한 평가는 해석자의 관점에 따라 달라질 수 있다. 나는 과거의 서양사상을 우리 민족의 현 실정과 연관지어 수용하고 비판하는 데 역점을 두었다. 물론 그 경우에도 과거의 사상을 먼저 올바르게 이해해야 한다는 것이 필수적인 전제다. 나는 그렇게 하기 위해 최선을 다했다.

이 책이 좀더 나은 사회를 염원하는 사람들, 특히 젊은이들에게 조금이라도 도움이 되길 바란다. 사람들은 사회에 모순이 많을수록 그러한 모순이 해결되는 이상사회를 염원한다. 잘못된 염원은 종교나 실현될 수 없는 이상으로 이끌지만 참된 염원은 항상 일정한 결과를 낳는다. 사회는 인간의 염원과 노력을 통해 변화될 수 있으며 인간은 역사를 만들어가는 주인공이지 않은가.

2018년 여름
강대석

사회주의 사상가들이 꿈꾼 유토피아

제1부

사회주의 사상가들의 이념

1 사회주의적 이념을 제시한 최초의 철학자 플라톤

플라톤 시대의 사회적 배경

인류 역사상 최초로 사회주의의 이상을 제시한 서양 철학자는 플라톤$^{Platon, BC.427-BC.347}$이다. 계몽적이고 유물론적인 색채가 짙었던 플라톤 이전의 그리스 철학은 주로 세계의 근원이 무엇인지 탐구하는 존재론에 집중했다. 반면에 소피스트들이 시작하고 소크라테스$^{Socrates, BC.470-BC.399}$와 플라톤이 이어받은 철학은 사회생활을 중심으로 하는 인간의 삶에 더 많은 관심을 기울였다. 플라톤은 존재론적인 의미에서는 관념론자였지만 정치가 중심이 되는 올바른 사회생활이 무엇인지 고심했다는 점에서 실천과 동떨어진 철학자는 아니었다.

우선 플라톤이 활동한 시대의 사회적 배경을 살펴보자. 그가 태어난 고향 아테네는 고대 그리스 문화의 중심지였다. 고대 그리스에서는 아테네를 중심으로 많은 도시국가가 건설되었다. 이 국가에서는 온화한 기후 덕분에 농업이 정착했고, 지중해를 통한 해상무역으로 상품생산이 활발해져 화폐경제가 발전했다. 그 결과 경제력과 군사력이 강화되어 페르시아의 침공$^{BC.480-BC.479}$을 격퇴할 수 있었고 제한적일망정 민주적인 정치형태를 통해 예술과 철학이 꽃 필 수 있는 기반을 다져놓았다. 그러나 페르시아 전쟁이 끝난 후 그리스의 양대 도시 아테네와 스파르타 사이에 주도권을 쟁탈하기 위한 갈등이 나타나 결국 펠로폰네소스 전쟁$^{BC.431-BC.404}$이 벌어졌고 스파르타가 승리했다.

전쟁에서 패한 아테네에는 스파르타의 지원을 받는 과두정치가 들어섰다. 이후 전통적인 결속이 무너지고 빈부격차가 심해져 사회적 갈등이 더욱 첨예화되었다. 그리스 비극의 대표적인 작가 소포클레스$^{Sophocles, BC.496-BC.406}$는 그의 작품 『안티고네』^{Antigone}에서 전통적인 가치와 새로운 사회질서 사이에 나타나는 갈등을 이렇게 묘사한다. "지금까지 인간에게 도입된 것 중에서 가장 나쁜 결과를 가져다준 것은 화폐다. 그렇다. 돈이 여러분의 도시를 파괴했고 돈이 남자들을 가정에서 몰아냈고 돈이 마음을 유혹하는 스승이 되어 용감한 사람들에게 우둔한 짓을 하게 했다. 그렇다. 돈은 모든 술책을 인간에게 부여해 범죄의 길을 열어놓았다."* 자연경제가 화폐경제로 바뀌고 생산수단이 변화하는 데서 오는 문제점, 부자와 가난한 자의 구분, 자유인과 노예 사이의 갈등, 전통적인 가치와 새로운 가치 사이의 마찰, 도시국가들의 정치적 변화와 극단적인 상호경쟁으로 그리스 도시국가들은 와해될 위기에 놓였다.

---

* Sophokles, *Antigone*, Stuttgart, 1978, S.16f.

플라톤의 생애

플라톤은 바로 이러한 시기에 태어났다. 그의 아버지는 아테네 왕족이었고 그의 어머니는 유명한 입법자 솔론Solon, BC.640-BC.560의 집안이었다. 귀족 가문 출신인 플라톤은 자신이 살고 있던 아테네 도시국가의 모순을 누구보다 잘 알고 있었다. 청년 시절에 그는 최상의 법에 따라 운영되는 국가 안에서 모든 시민이 자유롭게 살기를 염원했다. 그러나 현실은 그의 이상과 철저하게 어긋났다. 민주적 정치질서가 붕괴되었기 때문이다.

플라톤의 삼촌이었던 크리티아스Kritias, BC.460-BC.403는 30인으로 구성된 과두정치에서 주도적인 역할을 했는데 그것은 전통적인 민주정치에 어긋나는 폭군들의 통치였다. 이들이 물러난 후 다시 민주정치가 복귀되었지만 혼란은 계속되었고 이 와중에 소크라테스가 기원전 399년에 사형당한다. 플라톤을 철학으로 이끌어준 최초의 스승은 소피스트인 크라틸로스Kratylos였다. 그러나 젊은 플라톤은 크라틸로스가 헤라클레이토스Heracleitos, BC.540-BC.480의 이념을 해석하면서 보여준 상대적인 태도로 궁금증을 해소할 수 없었다. 모든 것은 흘러가며 변화한다는 헤라클레이토스의 주장은 플라톤을 만족시킬 수 없었다.

플라톤은 우선 정치적·도덕적 관점에서 모든 것을 성찰하기 시작했는데 항상 변화하는 정치 속에는 붙잡을 만한 이념이 없다는 것을 깨닫고 체념하게 된다. 이러한 체념과 더불어 플라톤은 시와 예술에 눈을 돌린다. 그러나 철학자로 성장하면서 시와 예술 또한 무의미하다는 결론을 내린다. 그에게 시와 예술은 문체를 다듬어주는 역할을 할 뿐이었다.

플라톤에게 새로운 장을 열어준 것은 소크라테스였다. 젊은 플라톤은 소크라테스의 철학에 매료되었다. 그 결과 플라톤은 그의 저서 대부분을 소크라테스의 철학 방식에 따라 저술했다. 진술과 반대진술, 그리고 이들 사이의 모순을 밝히는 대화가 주축이 되었다. 플라톤은 철학 방법뿐만 아니라 문제의식에서도 소크라테스에게 깊은 감명을 받았다. 다시 말해 그는 개인과 사회의 갈등이 진리에 결정적인 역할을 한다고 생각했다.

개개인의 인간은 천성적으로 자기가 선하다고 생각하는 것을 추구한다. 그러나 개별적인 선은 사회 전체를 위한 보편적인 선이 될 수 없는 경우가 많다. 개인은 사회에 의존해서 살고 사회에 봉사해야 하므로 개인을 넘어서는 보편적인 선이 정립되어야 한다. 플라톤은 소크라테스의 가르침에 따라 당시의 사회가 와해될 위기에 빠진 것은 아무도 보편적인 선이 무엇인지를 깨닫지 못했기 때문이라고 결론짓는다. 플라톤에게 소크라테스는 진리의 길로 나아가는 길잡이가 되었고 깨달음을 통해 이러한 오류에서 벗어날 수 있는 출구를 제시해주었다.

플라톤의 철학적 발전

플라톤의 『소크라테스의 변명』$^{Apologia\ Sōkratēs}$, 『크리톤』^{Kriton}, 『파이돈』^{Phaidon}은 소크라테스가 판결을 받은 뒤에 씌어졌다. 이 대화록에

플라톤 흉상.
플라톤은 최초로 사회주의의 이상을 제시한 철학자다.
그는 인간의 삶에 대해 고찰했다.

소크라테스의 재판 과정, 사형을 받기 위해 감옥에 갇혀 있는 모습, 독배를 마시는 장면이 묘사되어 있기 때문이다. 플라톤은 소크라테스의 다른 제자들처럼 소크라테스가 처형된 후 아테네에 등을 돌리고 방랑길에 들어섰다. 그는 메가라를 거쳐 이집트, 키레네, 타렌트, 시라쿠사 등을 여행했다. 이 첫 여행은 두 가지 측면에서 플라톤의 철학적 발전에 중요한 영향을 미쳤다.

첫째, 플라톤은 타렌트에서 피타고라스학파인 아르키타스^{Archytas,} $^{BC.428-BC.347}$와 교우관계를 맺게 되는데 아르키타스는 그 당시 영향력 있는 정치가였고 유명한 수학자였다. 플라톤의 저서에 나타나는 피타고라스학파의 영향은 이러한 체험과 연관된다.

둘째, 플라톤은 시라쿠사에서 한 유력한 군주와 관계를 맺는다. 그는 군주의 처남인 디온^{Dion}과 친분을 맺으며 궁정에 드나들었다. 그러나 디오니시오스 1세$^{Dionysios I, BC.432-BC.367}$라고 불리는 이 군주와 이상에 가득 찬 플라톤의 관계는 오래가지 못했다. 플라톤은 군주에게 권력이 아니라 덕으로 통치를 하라고 충고했지만 이에 화가 난 군주는 플라톤을 추방했다.

여행에서 돌아온 플라톤은 기원전 389년경에 고향인 아테네에 '아카데메이아'^{Acadēmeia}라고 불리는 학교를 설립했다. 이 학교의 학문연구는 동로마제국의 황제 유스티니아누스 1세$^{Justinianus I}$가 비기독교적인 학교를 모두 폐쇄했던 6세기 초까지 계속되었다.

플라톤은 이때 완숙기에 해당하는 후기 저서들을 완성했다. 후기저서로는 변증법적 논리 문제를 다룬 『파르메니데스』^{Parmenides}와

『소피스테스』^{Sophistes}, 인식론 문제를 다룬 『테아이테토스』^{Theaitetos}, 윤리 문제를 다룬 『필레보스』^{Philebos}, 자연철학 문제를 다룬 『티마이오스』^{Timaios}, 정치와 사회 문제를 다룬 『폴리티코스』^{Politikos}와 『법률』^{Nomoi} 등이 있다.

아리스토텔레스^{Aristoteles, BC.384-BC.322}도 여기서 교육을 받았다. 1459년 이탈리아 피렌체에 아카데미가 설립되어 르네상스 철학에 많은 영향을 미쳤는데 피렌체의 아카데미는 플라톤의 아카데메이아를 의식적으로 모방한 것이었다. 그 후 전세계의 학문연구소가 아카데미라는 이름을 갖게 되었다. 플라톤의 아카데메이아에서는 철학과 수학이 주요 연구 과목이었고 아카데메이아의 정문에는 "수학을 이해하는 사람만 출입을 허용한다"라는 문구가 쓰여 있었다. 물론 이 아카데메이아는 플라톤을 중심으로 하는 관념론 철학의 근거지였지만 학문을 보편타당한 지식으로 끌어올리려는 노력도 나타났다.

플라톤의 철학

플라톤 철학의 핵심은 '이데아론'^{Ideenlehre}이다. 우리는 '이데아'^{Idea}라는 말을 보통 '관념' 또는 '기발한 생각'이라고 번역한다. 그런데 플라톤의 경우 '이데아론'을 단순히 '관념론'으로 번역하지 않는다. 물론 플라톤의 철학은 일종의 관념론이지만 그가 말하는 '이데아'는 인간의 머릿속에 들어 있는 관념의 범위를 벗어나서 독자적으로 존재하는 독특한 성격을 지니고 있기 때문에 '이데아'라는 단어가 더 적합하다. 플라톤의 철학은 우리 눈에 보이는 가시적인 변화의 세계가 참된 세계가 아니라는 가정에서 출발한다. 플라톤은 현상계와 대비되어 현상계의 근원이 되는 참된 세계를 '이데아계'라고 부른다.

플라톤의 동굴 비유

플라톤은 『국가』^{Politeia}에서 현상계와 이데아계의 관계를 동굴에 비유하여 설명한다. 그것이 유명한 플라톤의 '동굴의 비유'다. 인간은 동굴 안에 묶여 있는 죄수와 같다. 어렸을 때부터 동굴 입구를 등지고 족쇄에 묶여 살아가는 죄수들은 동굴 밖에 있는 사물을 직접 보지 못한다. 동굴 밖 먼 곳에서는 불이 타고 있다. 동굴의 입구 쪽에는 조그만 언덕길이 있다. 갖가지 물건을 들고 이곳을 지나가는 사람들의 그림자가 동굴의 창을 통해 동굴의 안쪽 벽에 나타난다. 동굴에 갇혀 있는 사람들은 불빛에 비치는 이 그림자를 참된 세계로 착각한다. 한 사람이 우연히 족쇄를 끊고 밖으로 나간다면 그는 처음에 빛 때문에 눈이 부셔 고통을 느낄 것이다. 그는 차차 그곳에 익숙해져 참된 세계의 진상을 확인하고 동굴로 돌아와 다른 사람들에게 그 사실을 얘기한다. 하지만 사람들은 그의 말을 믿지 않을 것이다. 이와 비슷하게 일반 사람들에게도 참된 이데아 세계가 있다. 하지만 사람들은 그것을 깨닫지 못하고 현상계에 얽매여 현상계를 참된 세계로 간주하면서 살아간다.

동굴은 인간의 육체 또는 현상계와 같다. 영혼은 육체와 결합하여 현상계에 얽매인다. 결국 "육체는 영혼의 감옥이다." 이러한 감옥

플라톤의 동굴 비유에 관한 삽화.
동굴 안에 묶여 있는 사람들이
벽에 비친 그림자를 바라보고 있다.
그들은 그 그림자가 참된 세계라고 믿는다.

을 벗어나 참된 세계인 이데아 세계를 직관하게 하는 것이 철학의
과제다.

플라톤의 이데아론

참된 세계를 구성하고 있는 '이데아'란 무엇인가. 플라톤에 의하
면 '이데아'는 ① 보편적 개념, ② 생성과 소멸을 모르는 영원히 변
화하지 않는 것, ③ 그 자체로 존재하는 실체, ④ 영원히 스스로와
동일한 것, ⑤ 만물의 원인, ⑥ 만물의 원형, ⑦ 모든 것이 추구하는
목표 등의 의미를 지닌다.

이데아는 같은 종류의 개별자를 묶는 하나의 본질이다. 예컨대
여러 종류의 구체적인 과일을 묶는 '과일'이라는 하나의 이데아가
있고, 다양한 사람을 묶는 '인간'이라는 이데아가 있다. 수학에서
나오는 삼각형이 현실에서 사라진다 해도 그 원형은 남아 있으며
그것이 바로 이데아라는 것이다. 문제는 절대로 변하지 않는 동일
자인 이데아의 세계와 생성 소멸하는 현상계가 어떻게 연관을 맺
느냐. 플라톤은 모방模倣, mimesis, 분유分有, methexis, 임재臨在, parousia
를 통해 이데아계와 현상계의 관계를 설명한다. 이데아는 원형이
고 사물은 원형의 불완전한 모방이다. 사물은 다양하지만 일정한
종류의 사물에 해당하는 이데아는 하나다. 개별물은 이데아의 보
편적 본질을 분유한다. 이데아는 개별자 속에 임시로 머무는데 그
것이 임재다.

물론 플라톤은 이데아론이 지닌 결함을 인식하고 후기 저술에

서 수정을 상당히 하지만 근본 의도는 변하지 않았다. 플라톤의 제자 아리스토텔레스는 이데아론의 모순을 날카롭게 비판했다. 아리스토텔레스는 세계를 이데아계와 현상계로 구분할 수 없으며 현상계를 떠난 이데아계는 존재하지 않는다고 주장했다. 아리스토텔레스는 구체적인 사물 속에만 존재하는 보편자를 형상이라는 이름으로 개별자 속에 옮겨 놓았다. 개별자는 질료와 형상으로 구성되며 개별자를 떠나 그 자체로 존재하는 이데아를 가정하는 것은 무용한 중복이다.

플라톤의 이데아론은 많은 모순을 내포한다. 예컨대 우리는 플라톤에게 다음과 같이 물을 수 있다. 플라톤의 이데아론에 따르면 고대에 존재했던 공룡은 '공룡'이라는 이데아에서 발생했는데 오늘날에는 왜 그것이 사라져 버렸는가. 비행기가 '비행기'라는 이데아에서 발생했다면 왜 고대에는 비행기가 나타나지 않았는가. 결국 플라톤의 이데아는 인간의 소원과 현실이 혼동된 것에 불과하다. 세계를 처음부터 항상 변하는 불완전한 것으로 보고 이러한 세계를 넘어서는 완전한 것을 상상하다가 그것이 바로 참된 존재라고 주장하는 주객전도가 이루어진 것이다. 관념론, 특히 객관적 관념론은 대개 이러한 관점을 지닌다. 객관적으로 존재하는 현실세계가 절대적으로 존재하는 정신적인 것의 부차적인 현상으로 간주되는 것이다. 그것은 신이라는 절대자가 세계를 만들었고 세계는 그에 의존한다는 종교적인 환상과 같은 맥락에 서 있다.

플라톤의 이상국가론

플라톤은 중년에 저술한 『국가』라는 대화록에서 이상국가의 모습을 제시했다. 그의 국가관은 영혼론을 바탕으로 한다. 플라톤에 의하면 인간은 영혼의 상태에 따라 평등하지 않고 차별이 있다. 인간은 태어날 때부터 금, 은, 동이 섞인 영혼을 지니게 된다. 영혼의 차이는 사회적인 위치를 결정한다. 플라톤은 모든 인간의 영혼에 이성, 의지, 욕망이 어느 정도 포함되어 있지만 사람에 따라 그들이 차지하는 정도가 달라진다. 이성이 우위를 차지하는 인간이 있을 수 있고 욕망이 우위를 차지하는 인간이 있을 수 있다. 이성의 덕은 지혜이고, 의지의 덕은 용기이고, 욕망의 덕은 절제다. 이 세 가지 덕이 서로 조화를 이룰 때 정의의 덕이 발생한다. 이것은 그리스인들이 이상으로 생각하는 네 가지 주요 덕목이기도 하다.

국가도 인간의 영혼 상태와 비슷하게 각각 세 계급으로 나뉘어 있으며 이들이 서로 조화를 이룰 때 정의가 실현된다. 이성에 해당하는 통치계급^{철학자와 왕}, 의지에 해당하는 수호계급^{군인과 경찰}, 욕망에 해당하는 생산계급^{농민과 수공업자}이 구분되어 스스로의 의무에 충실할 때 정의가 발생한다.

영혼의 세 부분처럼 국가의 세 계급도 서로 같은 관계여야 한다. 이성이 욕망을 지배하는 것처럼 통치계급이 생산계급을 지배해야 하고 의지가 이성과 우호관계에 있어야 하는 것처럼 군인과 경찰은 통치자를 도와주어야 한다. 국가의 시민들은 각자가 지닌 능력에 따라 이러한 세 계급으로 분리된다. 물론 노예는 여기서 제외된다.

인간의 능력은 이미 태어날 때부터 정해져 있고 교육은 그것을 찾아내는 역할을 한다. 플라톤은 그에 대해 이렇게 말한다. "나라 안의 모든 사람은 다 같은 형제지만 신은 이들 가운데서 다스릴 능력이 있는 사람을 만들면서 금을 섞어놓았으므로 그들은 고귀한 가치를 지닌다. 그러나 보조자의 경우에는 은을, 농사꾼이나 그 밖의 기술자들에게는 쇠나 구리를 섞어놓았다."*

인간의 본성은 변하지 않는다

관념론은 인간이 태어날 때부터 질적으로 상이한 요소를 지닌다고 주장한다. 인간의 본성은 영원히 변하지 않으며 사회를 만드는 근본요인이다. 예컨대 조선시대의 성리학자 퇴계 이황^{李滉, 1501-70}도 사람들의 사회적 차이를 선천적 기질의 차이로 설명했다. 그는 기질의 청탁에 따라 인간의 성품을 상지^{上智}, 중인^{中人}, 하우^{下愚}로 구분하고 상지에 속하는 사람은 천리를 아는 지행합일^{知行合一}의 인간이고, 중인에 속하는 사람은 지^知는 충분하나 행^行이 부족하며, 하우에 속하는 사람은 지에 어두우며 행이 악하다고 주장했다.

이러한 주장은 봉건적 신분사회를 합리화하려는 철학적인 고안이었다. 또 미국의 실용주의 철학은 본능이 사회구조를 결정하는 요인이라 주장했고, 프로이트의 정신분석학은 인간의 성적인 본능이 인간의 삶을 좌우하는 근원이라고 주장했다. 이러한 주장은 모두 관념론 철학의 외피 속에서 인간, 자연, 사회를 과학적으로 분석하지 못하거나 여러 가지 이유 때문에 그것을 회피하려는 학자들의

* Platon, *Sämtliche Werke*, Berlin o. J. (Verlag Lambert Schneider), 2.Band, S.121.

상황을 나타내준다. 이러한 인간관이 근본적으로 오류라는 사실을 밝혀준 것이 유물론 철학이며, 특히 맑스주의는 관념론 철학의 인간관이 지니는 오류를 날카롭게 비판했다.

국가의 교육

교육을 통한 선별과정은 어떻게 진행되는가. 플라톤에 의하면 국가는 모든 아이에게 똑같은 교육을 공동으로 실시한다. 아동교육의 기초과목은 체조와 음악이다. 체조는 건강한 신체, 용기와 강인함을 길러준다. 음악은 영혼을 부드럽게 만든다. 건전한 신체와 부드러운 영혼은 원만한 성격을 형성한다. 그다음으로는 계산, 수학, 변증법 등의 과목이 요구되며 여기에 고된 신체훈련이 포함된다.

이들이 20세가 되면 우수한 자를 선발해 10년에 걸친 전문교육을 받는다. 선발자들이 30세가 되면 다시 우수한 자를 선발해 5년간 철학교육을 한다. 이런 모든 교육을 충분히 습득한 사람은 35세에 다시 15년간 실천 및 경험교육을 받게 된다. 결국 이론과 실천을 겸비한 50세의 남자가 지배계급이 된다. 이렇게 선별된 세 계급은 각자의 과제를 수행하며 서로 다른 영역을 넘보지 않아야 한다. 플라톤은 "국가의 덕과 연관되는 지혜, 절제, 용기가 서로 경합하도록 각자는 국가 안에서 자신의 일을 수행해야 한다"*고 말한다.

세 계급 가운데 통치계급은 스스로의 이익이 아니라 국가의 이익에 모든 노력을 기울여야 한다. 소유나 사랑 같은 개인적인 욕망을 고려해서는 안 된다. 플라톤은 그에 대해 이렇게 말한다. "여자들은

* Ebd., S.141.

모든 남자의 공유물이어야 하고 어떤 여자도 사사로이 한 남자와 함께 살아서는 안 된다. 아이들도 공유하고 부모가 자기 자신의 아이를 알거나 아이가 그 부모를 알아서는 안 된다."* 그러나 국가의 장래를 위해서는 금이 혼합된 통치계급의 아이가 될수록 많이 태어나는 것이 바람직하다. "가장 뛰어난 남자들은 가장 뛰어난 여자들과 가능한 한 자주 결합해야 한다."** 플라톤은 통치계급이 사유재산이나 가족을 갖지 않아야 한다고 강조하면서 이들의 탈선을 억제하려 했다. 통치계급의 소유욕과 가족에 대한 배려가 때로 이기심을 조장해 국사를 뒤바꿀 수 있기 때문이다.

생산계급은 스스로의 노동을 통해 만들어낸 산물로 통치계급을 부양한다. 통치계급은 공동생활을 하면서 재산뿐만 아니라 부인도 공동으로 소유한다. 뛰어난 여성들이 20세의 적령기에 뛰어난 남성들과 가능한 한 자주 결합해 훌륭한 아이를 많이 낳아야 한다. 그러나 아이들이 누가 자기 아버지인지 또 수호자는 누가 자기의 자식인지를 구별할 수 없어야 한다. 구별이 가능해지면 다시 가족 관념이 생겨 국사보다 개인적인 일에 관심을 쏟을 우려가 있기 때문이다. 이렇게 태어난 아이들은 다시 공동으로 양육되고 교육된다. 생산계급은 사유재산과 가족을 소유할 수 있지만 정치에는 참여할 수 없다.

통치계급이 여자를 공동으로 소유해야 한다는 플라톤의 주장을 여성에 대한 모독이라 여기고 비판하는 사람도 있다. 그러나 자세히 관찰해보면 여성도 남성을 공동으로 소유하기 때문에 플라톤이

* Ebd., S.172.
** Ebd., S.175.

여성을 비하했다고 말하기는 어렵다. 오히려 플라톤이 그의 이상 국가에서 여성의 정치 참여를 배제한 사실이 더 문제가 될 수 있다.

사회주의의 이상을 제시한 최초의 정치 철학

통치계급이 사유재산을 갖지 않아야 한다는 플라톤의 주장은 사회주의의 이상을 제시한 최초의 정치 철학이었다. 이 때문에 플라톤의 정치사상은 때때로 공산주의 사상의 시초로 해석된다. 이 경우의 공산주의는 문자 그대로 재산을 공동으로 관리하는 사회제도를 의미한다. 슈퇴리히[Hans Joachim Störig, 1915-2012]는 그의 유명한 저서 『세계철학사』에서 플라톤을 비판했다. "플라톤은 물질적인 소유나 부인과 연관된 남자의 소유욕을 과소평가한다. 그는 성적 영역이나 사유재산의 영역에서 한 계급이 철저한 공산주의에 만족할 것이라고 생각한다."*

재산과 부인의 공동소유만을 생각한다면 플라톤이 공산주의 사상의 시초라고 생각할 수도 있다. 다시 말하면 그것은 '귀족적인 공산주의' 또는 '이상적인 사회주의'의 출발이었다. 그러나 이는 현대적인 의미의 공산주의와 질적으로 차이가 있다. 왜냐하면 현대적인 의미의 공산주의는 사유재산이 전면적으로 폐지되고 모두가 평등한 지위 속에서 자신의 능력을 창조적으로 개발시킬 수 있는 사회의 실현인 데 비해 플라톤이 말하는 공산주의는 소수의 지배계급에만 한정된 이상이었기 때문이다. 플라톤이 염원하는 이상국가에서 철학자는 통치자로, 수호자는 전사로, 그리고 나머지는 생산자로 최

* H.J. Störig, *Kleine Weltgeschichte der Philosophie*, Stuttgart, 1961, S.113.

선을 다해야 하며 그들의 이탈 가능성은 배제된다. 인간의 능력이 변화한다는 사실을 부정하고 고정된 계급 속에 묶어 놓으려 한다든가, 모성애를 부정한다든가, 통치자를 규제할 수 있는 제도가 없는 것 등은 플라톤이 제시하는 국가론의 한계다.

플라톤은 『국가』에서 철인정치를 강조하면서 이렇게 말했다. "만일 철학자들이 나라의 왕이 되든가, 왕이나 통치자로 불리는 자들이 참되고 철저한 철학자가 되지 않는 한 국가나 인류에게 재앙이 그치지 않을 것이다."* 이에 대해 훗날 독일의 철학자 칸트[Immanuel Kant, 1724-1804]는 『영구평화론』에서 다음과 같이 말했다. "왕이 철학을 하거나 철학자가 왕이 되는 것은 기대할 수도 없고 바람직하지도 않다. 권력의 소유는 필연적으로 이성의 자유로운 판단을 파괴하기 때문이다. 그러나 왕이나 통치자들은 철학자들을 항상 옆에 두고 그들의 말을 경청해야 할 필요가 있다."**

현실에 대한 문제를 고민한 플라톤

플라톤은 말년에 디온의 초청을 받아 다시 두 번에 걸쳐 시라쿠스를 방문한다. 이때 플라톤은 자신의 국가론을 그곳에서 실현하려 했지만 궁정의 음모, 권력투쟁 등으로 실패하고 만다. 자신의 사유재산과 특권을 쉽게 포기하려 하지 않는 귀족들이 왕의 급작스러운 통치방법에 따라 생활태도를 바꾸는 것을 반대했기 때문이다.

플라톤은 결국 체념하고 고향으로 돌아온다. 그는 고향에 돌아와서도 용기를 잃지 않고 『법률』을 저술했는데 이때부터 플라톤은 현

* Ebd., S.194f.
** I. Kant, *Zum ewigen Frieden*, In: *Kant-Werke*,
Bd. 8, Berlin, 1968, S.369.

실에 대한 문제를 고민하기 시작했다. 그는 개념 속에서 만들어낸 이상과 현실정치 사이에 많은 차이가 존재한다는 것을 깨달았고 종교가 사회 안정에 도움이 된다는 것을 인정했다.

크리티아스는 플라톤에 앞서 국가를 통치하는 데 종교가 유용한 수단이 될 수 있다고 주장했다. 물론 여기서 말하는 종교는 신화와 유사한 민족종교다. 크리티아스는 몰래 또는 마음속으로 법을 어기는 사람들이 신의 벌을 두려워하게 해야 하며 이러한 부분에서 종교가 유용성을 지닌다고 강조했다. 다시 말하면 플라톤은 철인정치보다는 법이나 종교의 역할이 정의로운 국가의 실현에서 중요하다는 사실을 인정한 것이다.

플라톤이 주장한 관념론 철학의 문제점

플라톤의 관념론 철학은 구체적인 문제들을 분석하고 해명하는 데 많은 장애가 되었다. 예컨대 플라톤은 제자 아리스토텔레스와 달리 사물에 대한 개념을 그 사물의 구체적인 현상의 분석과 종합을 통해서가 아니라 직관적인 사변을 통해서 정의하려 했다. 그 결과 플라톤은 인간을 "털이 없는 두 발 달린 생물"이라 정의했는데 어느 날 플라톤의 철학을 비판하는 한 학자가 털이 뽑힌 닭을 들고 플라톤의 아카데미에 나타나 말했다. "보세요, 플라톤이 말하는 인간을!"*

물론 플라톤의 관념론은 그의 현실감각을 흐리게 만들었다. 하지만 그가 '이상국가론'에서 주장한 것처럼 사유재산이 통치자에게

* D. Lübke, *Platon*, Köln, 1984, S.84.

미치는 영향을 간파하고 재산을 마음대로 소유하는 통치자들은 부패하기 마련이다. 플라톤은 이 사실이 인류에게 커다란 재앙이 되리라는 것을 예언한 점에서 날카로운 통찰력을 지닌 철학자였다. 그는 이미 고대사회에서부터 자본주의 사회의 가장 큰 해악인 정경유착의 고리를 끊으려 했던 것이다.

2 근세의 공상적 사회주의 사상가 모어

모어 시대의 사회적 배경

토마스 모어^{Thomas More, 1478-1535}가 활동하던 15, 16세기에 서유럽은 영국을 중심으로 커다란 역사적 변화를 겪고 있었다. 1천여 년 동안 지속되던 중세가 무너지고 근세가 시작되었으며 정치적·경제적·문화적 변화의 물결이 일어나기 시작했다. 각 민족은 교황 중심의 신정통치를 벗어나 세속적인 군주가 통치하는 통일국가를 성립시키려고 노력했으며 마키아벨리^{Niccolò Machiavelli, 1469-1527}는『군주론』^{Il principe}에서 그것을 이론적으로 정당화했다. 그는 반인반마의 괴물 히론에 의해서 양육되었다는 고대 영웅 아킬레스의 전설을 원용해 군주는 인간적인 특성과 야수의 특성을 두루 갖추어야 한다고 주장했다. 그러므로 군주는 정의나 도덕적 자질뿐만 아니라 여우의 교활한 지혜와 사자의 힘 같은 특성을 지녀야 한다. 사자는 힘이 세나 덫에 걸리기 쉽고 여우는 덫을 피할 수 있으나 늑대를 이기지 못한다. 절대국가를 이룩하고 통치하기 위해서 군주는 권모술수를 포함한 모든 수단을 사용할 줄 알아야 한다. 때에 따라서 우둔한 민중을 속이는 것도 필요하다.

이 시기에 서구에서는 과학이 발전함에 따라 화약, 나침반, 인쇄술이 발명되었다. 그 결과 기사계급이 몰락했고 각국은 신대륙 식민지 경영에 몰두했으며 서적의 보급을 통한 문화발전이 이루어졌다. 중세의 장원제도가 무너지고 도시가 건설되었으며 상품생산과 상업자본의 증가는 자본주의 사회로 가는 길을 열어주었다.

이 시기의 문화는 르네상스와 휴머니즘으로 특징지을 수 있다. 인간 중심의 고대 예술이 부활하고 여러 분야에서 세속적인 학문을 탐구했다. 철학에서도 중세의 봉건주의를 이념적으로 지탱해주던 스콜라 철학 대신에 자연연구를 비롯한 현실 문제에 눈을 돌리는 철학이 나타나 중세의 세계관을 위협했다. 중세 기독교 사회는 철학을 신학의 하인처럼 생각하고 이용했으며 과학의 발전을 가로막았다. 반면 근세 철학은 공허한 스콜라 철학에 반기를 들면서 독자성을 획득하고 이성적인 세계를 지향했다. 근세 철학은 인간의 천상에서 자연으로 시선을 돌릴 수 있게 했고 이러한 철학의 지원을 받은 과학은 새로운 발명을 통해 생산력을 높였다.

인간의 행복을 위해 노력한 철학자 베이컨

르네상스가 이탈리아에서, 종교개혁이 독일에서 출발했다면 산업혁명은 영국에서 출발해 문화발전을 촉진시키는 원동력이 되었다. 근세의 영국문화를 대표하는 두 인물이 철학과 문학에서 나타났는데 바로 베이컨Francis Bacon, 1561-1626과 셰익스피어William

Shakespeare, 1564-1616다.

　근세 철학의 여명을 열어준 철학자 베이컨은 철학이 공허한 스콜라적 논쟁이 아니라 인간의 행복을 증진시키는 데 이바지할 수 있도록 노력했다. 그는 실험과 관찰 과학적인 연구방법을 권장하고 자연법칙의 인식을 통한 자연의 지배를 도와주는 것이 철학의 과제라고 생각했다. 그의 철학은 근세 철학의 여명을 열어주었을 뿐만 아니라 과학의 발전을 촉진시켜 영국의 산업혁명을 이끌어내는 데 결정적인 동기를 제공했다. 특히 그는 미완성으로 끝난『신 아틀란티스』*New Atlantis*라는 저술에서 모어와 비슷한 유토피아 세계를 그렸다. 그것은 일종의 과학기술적 유토피아였다.

　항해 도중에 난파한 선원들이 신아틀란티스섬을 발견한다. '솔로몬의 집'은 섬의 상징적인 건물이다. 그것은 학문의 본산인 동시에 통치의 중심지다. 이곳에는 정치가나 선동가가 없고 정부나 권모술수도 없다. 누구나 능력에 따라 학문적인 명성을 얻을 수 있다. 학자들만이 이 섬의 대표자가 될 수 있다. 기술자·건축가·천문학자·지질학자·생물학자·의사·화학자·경제학자·사회학자·심리학자·철학자 등이 섬을 통치한다. 통치자들은 인간이 아닌 자연의 지배를 받는다. 사회의 목적은 사물의 원인을 밝혀내 인간의 삶을 풍요롭게 하는 데 있다. 여기에 비행기와 잠수함 이야기도 나온다. 섬의 경제체제는 자급자족이다. 해외시장의 개척이나 무역의 필요성도 없으며 전쟁도 일어나지 않는다. 통치자들은 학문적인 목적만을 위해 외부와 교역한다. 이곳은 '학문의 천국'이다.

튜더 왕조의 성립

셰익스피어가 활동하던 시기에 영국은 봉건주의에서 자본주의로 옮겨가고 있었다. 왕위를 쟁탈하기 위해 붉은 장미를 휘장으로 사용한 랭커스터^{Langcaster}가와 흰 장미를 휘장으로 사용한 요크^{York}가 사이에 벌어진 '장미전쟁'¹⁴⁵⁵⁻⁸⁵의 결과로 튜더^{Tudor} 왕조가 성립되어 1603년까지 영국을 지배했다. 30년에 걸친 긴 전쟁을 치르면서 봉건귀족이 몰락하고 신흥귀족이 등장했다. 신흥귀족은 양^羊을 이용한 모직산업에 의존하며 상공업의 발전을 주도했다.

튜더 왕조의 초대 왕인 헨리 7세^{Henry Ⅶ, 1457-1509}는 봉건제후들을 굴복시키고 토지를 강점했으며 그의 아들 헨리 8세^{Henry Ⅷ, 1491-1547}는 로마교회에 반기를 들고 국왕을 우두머리로 세우는 영국교회를 성립시켰다. 왕은 모든 수도원을 폐쇄하고 수도원의 비옥한 땅을 몰수했다. 영국은 상공업의 발달로 국제무대에 머리를 들기 시작했다. 영국은 당시의 가장 강력한 가톨릭 국가인 스페인과의 마찰을 피할 수 없었다. 봉건귀족은 스페인 편을 들었으나 신흥귀족은 스페인과 대결할 것을 주장했다. 헨리 8세의 딸로 왕위를 계승한 메리^{Mary Tudor, 1516-58}는 스페인 황제의 아들과 결혼해 영국에 다시 가톨릭을 부활시키려 했다. 그 전략은 어느 정도 성공했지만 메리는 영국교회 신도들에게 핍박을 받게 되었다. 이러한 박해로 메리에게는 '피를 부르는 여왕'이라는 별명이 붙었다.

메리가 죽은 후 엘리자베스 1세^{Elizabeth I, 1533-1603}의 통치가 시작되었는데 그는 영국교회를 부활시키고 가톨릭교도와 칼뱅^{Jean Calvin,}

¹⁵⁰⁹⁻⁶⁴의 종교개혁을 지지하던 청교도들을 박해했다. 하지만 한편으로는 무역을 통한 경제적 성장이 이루어졌고 1600년에는 인도무역을 독점한 '동인도회사'가 설립되었다. 당시 무역 회사 대부분은 해적과 손을 잡고 있었다.

이 시기의 경제적 번영으로 셰익스피어라는 위대한 극작가가 탄생했다. 사회의 변화 과정은 물론 인간의 심리상태를 잘 파악했던 셰익스피어는 사회의 발전에 따라 인간의 비극도 증가하지만 인간이 최종적으로 승리한다는 사실을 사실주의적인 방법으로 보여주었다. 한편, 스페인 왕은 엘리자베스 여왕을 제거할 음모를 꾸몄고 광신적인 가톨릭교도였던 스코틀랜드 여왕 스튜어트^{Mary Stuart, 1542-87}가 이 음모에 연루되었다. 스코틀랜드에 종교개혁이 일어나 캘빈교도들이 정권을 장악하자 스튜어트는 영국으로 망명했고 엘리자베스는 스튜어트를 체포했다. 스페인 왕은 다시 엘리자베스를 제거하고 스튜어트를 왕위에 올리려는 계획을 시도했으나 이 음모가 발각되어 엘리자베스는 스튜어트를 처형했다. 이에 스페인 왕은 1588년에 무적함대를 이끌고 영국을 징벌하려 했으나 패배해 해상주도권을 영국에 넘겨주고 말았다.

에라스무스의 영향을 받은 모어

토마스 모어의 출생연대는 정확하지 않다. 대략 1478년으로 추정된다. 모어는 런던의 한 법률가 집안에서 태어났다. 당시 런던은 오늘날처럼 세계적인 도시는 아니었지만 상업적으로 상당히 발전한 도시였다. 모어의 아버지는 고등법원 판사였는데 법관답게 매우 엄격한 성격의 소유자였다. 그는 일찍부터 아들이 경제학에 눈을 뜨도록 세심한 관심을 기울였다. 아버지에게서 경제학을 배운 모어는 정치권력에 대해서도 관심을 가지게 되었다. 모어는 먼저 런던의 성 안토니우스 학교에 들어가 라틴어를 배웠다. 그 후에 추기경 모턴Morton의 집에 머물면서 교육을 받았는데 모턴은 박식한 정치가로 '장미전쟁' 때 두각을 나타내 1478년에 영국의 국무장관이 되었다. 훗날 모어는 그의 저술『유토피아』Utopia에 덕과 지식을 겸비한 추기경 모턴을 등장시킨다.

모어는 1492년에 옥스퍼드대학에 입학해 스콜라 철학과 새로운 인문학을 배웠다. 그는 1498년에 고대 그리스어 교사로 이 학교에 부임해온 인문주의자 에라스무스Desiderius Erasmus, 1466-1536를 만나게 된다. 모어는 에라스무스에게 매료되어 그리스 고전에 심취했다. 이 사실을 알게 된 모어의 아버지는 강제로 그를 대학에서 퇴학시키고 다른 법학대학으로 보냈다.

법학을 공부한 모어는 변호사가 되었다. 그러나 변호사로 일하면서도 고전에 대한 관심을 버리지 않았으며 고전 가운데서도 그리스 철학을 즐겨 읽었다. 모어는 특히 플라톤을 좋아했는데 그러한 교양을 바탕으로 작가로도 활동했다.『유토피아』의 주인공 히스로데우스Rapael Hythlodeus는 플라톤주의자로 등장한다. 이때 플라톤의 이상국가론은 모어에게 많은 영향을 미쳤다. 에라스무스는 모어를 높이 평가해 인문주의자 후텐Ulrich von Hutten, 1488-1523에게

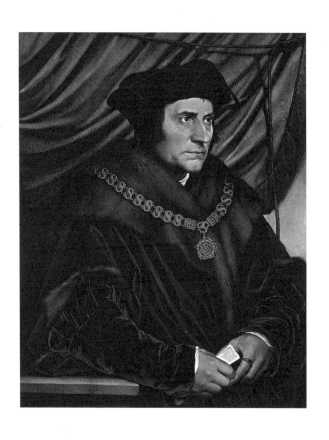

모어의 초상화.
모어는 사유재산제를 부정하는 공산주의 이념을
담은 『유토피아』를 저술했다.

모어를 칭찬하는 긴 편지를 쓰기도 했다.

모어의 『유토피아』

모어의 대표작 『유토피아』는 원래 라틴어로 씌어졌다. 그러나 모어는 다른 인문주의자들처럼 성직자의 라틴어가 아니라 고전적인 라틴어를 사용했다. 『신곡』$^{La\ Divina\ Commedia}$ 을 쓴 단테$^{Durante\ degli\ Alighieri,\ 1265-1321}$, 『데카메론』^{Decameron} 을 쓴 보카치오$^{Giovanni\ Boccaccio,\ 1313-75}$, 시인 페트라르카$^{Francesco\ Petrarca,\ 1304-74}$ 등도 고전적인 라틴어를 사용했다.

사람들은 모어의 수려한 문체를 칭찬하며 모어를 '영국 산문의 아버지'*라 부르기도 했다. 『유토피아』가 나오기 전인 1510년에 모어는 이탈리아의 인문주의자 피코$^{Giovanni\ Pico\ della\ Mirandola,\ 1463-94}$의 전기를 영어로 번역했으며 1513년에 『리처드 3세사史』$^{The\ History\ of\ King\ Richard\ III}$를 영어로 집필했다. 셰익스피어도 리처드 3세를 소재로 한 희곡을 창작했다. 모어는 『유토피아』 이후에 주로 종교개혁을 비판하는 글을 썼다.

모어의 가정생활

모어는 딸들을 무척 사랑했으며 여성도 남성과 똑같이 학문을 익혀야 한다고 강조하면서 자녀 교육에 많은 노력을 기울였다. 특히 큰딸 마가레트^{Margarete}는 학문연구에 두각을 나타냈다. 그녀는 고대그리스어와 라틴어에 정통한 지식인으로 성장해 '영국의 멋쟁

* Karl Kautsky, *Thomas More und seine Utopie*, Stuttgart, 1920, S.127.

이'*라는 별칭을 얻었다. 모어는 큰딸 마가레트를 무척 사랑해서 그녀에게 자신과 비슷한 딸을 낳으라는 내용의 편지를 쓰기도 했다. 마가레트의 남편 로퍼Roper는 훗날 모어의 전기를 집필했다.

모어는 부인이 사망하자 재혼했는데 두 번째 부인은 악처였던 것 같다. 그러나 모어는 부인을 한결같이 자상하게 대해주었다. 모어는 자녀교육에서 체벌과 암기식 교육을 금하고 사랑과 설득을 중요시 했다.

예술과 자연과학에 관심을 가진 모어

모어는 예술을 사랑하여 음악은 물론 미술에도 관심이 많았다. 1526년 독일 화가 홀바인Hans Holbein der Ältere, 1465-1524이 에라스무스의 추천을 받아 런던으로 왔다. 모어는 이전에 에라스무스의 『우신예찬』Moriae Encomium과 모어의 『유토피아』에 삽화를 그려준 적이 있는 홀바인을 반갑게 맞이하며 자기 집에 머물게 했다. 홀바인은 모어의 도움으로 런던의 독일 한자동맹 사무소에 「부의 승리」와 「가난의 승리」라는 제목의 그림 두 점을 전시했다. 하지만 이 작품은 1666년에 소실되고 말았다.

홀바인은 모어 가족의 초상화도 그려주었다. 1528년에 모어는 홀바인을 왕궁에 데려가 헨리 3세에게 소개했고 왕은 그에게 궁정의 일자리를 주었다. 모어는 예술뿐만 아니라 자연과학에도 관심이 많았다. 모어는 동물을 좋아해 집에서 다양한 종류의 동물을 길렀고 천문학을 깊이 공부하며 미신적인 점성술사들을 조소하기도 했다.

* Ebd., S.129.

모어의 종교관

모어는 친구들의 경고에도 굴하지 않고 무신론적인 책을 즐겨 읽었다. 물론 모어는 무신론자가 아니었지만 맹목적인 신자도 아니었다. 그는 어린 시절 상당 기간 수도원에 머문 적이 있었는데 이때 성직자들의 비리와 이중성을 목격했다. 그는 교회의 도덕적 정화를 요구하는 글을 썼으며 교회에 과학적인 성과들을 수용하라고 요구했다. 그는 로마 교황청이 각국의 이해를 조정하는 역할을 해주길 바랐으며 그가 계속 가톨릭 신자로 남은 것은 순전히 정치적인 필요성에서였다.

모어는 종교적으로 프랑스 계몽주의 철학자들에 비해 상당히 타협적이고 어중간한 태도를 취했다. 그는 볼테르$^{Voltaire, 1694-1778}$처럼 종교적 관용을 지지했지만 이교도나 무신론자에 대해서는 매우 부정적이었다. 볼테르는 그의 역사철학적인 저술에서 "모든 역사가, 특히 가톨릭 정신을 지닌 역사가들은 일치해서 토마스 모어를 덕이 있는 사람, 법의 희생자, 온화하고 선량하며 박학한 현자로 간주하지만 그는 미신적이고 야만적인 박해자였다"*라고 평했다.

반역죄로 처형당한 모어

철학자 베이컨은 정치에 관여하다가 몰락한 경험이 있었는데 모어의 말년도 비슷했다. 모어는 1504년에 하원의원으로 선출되었고 1509년부터 런던의 주 장관 대리로 활동하면서 공정한 임무수행으로 런던 시민, 특히 상인들에게 신뢰를 받았다. 이때 그는 인

* Voltaire, *Essai sur les moeurs et l'esprit des nations*, S.135. 이 부분은 볼테르가 카우츠키의 『토마스 모어와 유토피아』(*Thomas More und seine Utopie*), 144쪽을 재인용한 것이다.

민들의 경제생활을 파악할 수 있는 기회를 얻었다. 모어는 1515년에는 상무관계 협약을 위해 해외 특사로 파견되기도 했다. 1516년에 『유토피아』가 출간되면서 작가로서 그의 이름이 알려지기 시작했지만 라틴어로 출간된 이 책을 이해할 수 있는 사람은 소수의 지식인들에 불과했다. 그는 헨리 8세의 주목을 받고 궁정에 입성해 재무대신 등의 요직을 거친 후 1521년에 기사작위를 받았다. 그는 울시Wolsey경의 후임으로 국무대신이 되었으나 반역죄로 몰려 1535년에 처형되었다.

후대 사가들은 고위직을 맡았던 모어가 반역죄로 처형당한 내막에 대해 열띤 논쟁을 벌였다. 많은 사람은 그 이유가 종교적인 측면 때문이라고 생각했다. 모어와 헨리 8세는 처음에 종교개혁에 대한 거부로 의견이 일치했지만 모어는 헨리 8세가 주도한 영국교회를 인정하려 하지 않고 교황청 편을 들었다. 물론 교황청은 모어가 죽고 400년이 지난 1935년에 그를 성인으로 시성했다. 『유토피아』에 묘사된 것처럼 모어는 모든 종교를 인정하는 일종의 범신론자였다. 그러므로 우리는 모어의 처형을 둘러싼 영국 왕실의 음모, 국가 사이의 암투, 종교적 갈등 등을 살펴볼 필요가 있다.

모어의 처형을 둘러싼 음모

근세 서유럽의 절대군주들은 영토 확장과 권위의 과시를 가장 중요한 임무로 생각했다. 이때는 아직 영토가 확정되지 않은 상태였다. 각국의 왕들은 모든 수단을 동원해 영토를 확장하려 했는데 전쟁은 그 마지막 수단이었다. 전쟁에 앞서 이들은 조약, 동맹, 음모 등 여러 수단을 사용했지만 이들이 가장 선호한 정책은 결혼이었다. 결혼은 비용이 적게 드는 효과적인 수단이었고 각국의 공주들은 이러한 땅뺏기 놀이의 희생양이 되었다. 여자는 결혼을 하면서 일정한 땅을 지참금으로 가져가고 남편은 그 땅의 주인이 된다. 또 정보원을 여자에게 딸려 보낼 수도 있고 양국 사이의 동맹이 이루어질 수도 있다. 그 때문에 여자들은 어린 나이에 결혼하기도 하고 늙은 여자가 아이와, 늙은 남자가 꽃다운 처녀와 결혼을 하는 경우도 있었다.

헨리 8세의 형은 여섯 살에 스페인의 카타리나 공주와 약혼을 하고 열한 살에 결혼을 했는데 불행하게도 결혼 후 곧 사망했다. 결국 동생인 헨리 8세가 다시 이 여자와 결혼했다. 그런데 헨리 8세는 나이가 들면서 이 여자에게 싫증을 느끼기 시작했고 궁정에 출입하는 앤 볼린^{Ann Boleyn}이라는 미모의 아가씨를 보고 사랑에 빠졌다. 이 아가씨는 미모뿐만 아니라 뛰어난 기지를 갖추고 있었으며 프랑스 궁정에서 남자를 유혹하는 온갖 기술을 습득했다. 사치가 심하고 정열적이었던 헨리 8세는 카타리나 공주와 이혼하고 앤 볼린과 결혼하려 했다. 그런데 교황이 이혼을 허락하지 않자, 헨리 8세는 교황청에 등을 돌리고 왕을 우두머리로 하는 새로운 영국교회를 만들었는데 그것이 영국 성공회다.

영국교회와 교황청의 갈등

영국교회가 교황청과 갈라선 이유는 헨리 8세와 앤 볼린의 낭만적인 사랑 때문만은 아니었다. 실제로 그 원인은 다른 데 있었다. 교황청은 당시에나 그 후에 헨리 8세와 비슷한 사유의 이혼을 허락해 준 일이 있었기 때문이다. 헨리 8세가 통치할 때 스페인과 영국의 관계가 변했다. 스페인 왕 칼 5세는 네덜란드와 독일의 왕권을 수중에 넣었기 때문에 프랑스에 대항하기 위해서 영국과 동맹을 맺을 필요가 없게 되었다. 영국도 그것을 파악했기 때문에 결국 헨리 8세의 결혼은 정치적인 의미를 상실했다. 국무대신 울시도 프랑스 공주를 데려오기 위해 이혼을 지지했다.

교황은 그 사실을 간파하고 이혼을 허락하지 않았다. 교황은 당시 스페인의 권력에 크게 의존하고 있는 상태였다. 루터주의자들은 이혼이 부당하다고 선언하면서도 아브라함과 야곱의 선례에 따라 왕이 두 부인을 가질 수 있다면서 왕과 타협하려 했다. 루터는 헤센의 선제후가 두 부인을 갖는 것을 반대하지 않았다. 헨리 8세는 매우 기회주의적이었던 루터주의자들의 제안을 조소하며 거절했다. 헨리 8세는 스스로의 힘으로 문제를 해결할 수 있다고 생각했다.

결국 헨리 8세는 교황청과 결별하고 영국교회를 만들었다. 헨리 8세의 결단에는 경제적인 이유도 있었다. 인색하기로 소문난 헨리 7세는 국고를 충분히 남겨주었으나 아들은 전쟁과 사치로 재산을 낭비했다. 의회는 더 이상 세금징수를 허용하지 않으려 했기에 결국 헨리 8세는 막대한 교회의 재산에 눈독을 들였다. 그는 먼저 교회의 재산을 환수하려는 의도라고 주장하면서 의회를 압박했다. 모어는 그에 대해 불만을 품었지만 침묵을 지켰다.

왕에게 맞선 모어

1529년에 모어는 자의 반 타의 반으로 국무대신이 되었다. 그는 취임 후 친지들에게 이렇게 말했다. "어떤 명예도 없으며 매우 힘들고 위험한 이 자리에 올랐다. 내 전임자의 경우가 증명하는 것처럼 명예가 높을수록 몰락의 위험도 크다."* 그는 처음에 이혼 문제에 대해 중립을 지키면서 직무에 충실하려 했다. 그러나 차츰 헨리 8세의 압력이 가해졌다. 헨리 8세는 모어에게 돈으로 매수해서 얻어낸 각 대학의 지지성명서를 의회에서 낭독하라고 명령했다. 견딜수 없었던 모어는 결국 1532년에 장관직을 사임했다. 사임과 함께 모어의 운명은 결정되었다. 왕은 시민계급의 저항에 맞서 모어가 이혼을 성사시켜주기를 바랐다. 그런 시기에 사임한다는 것은 왕의 관점에서 볼 때 분명한 반항의 표시였다.

처음에 왕은 모어를 설득하려 했다. 설득에 실패하자 그를 위협해보기도 했다. 결국 위증을 통해 모어의 죄가 조작되었고 재산이 몰수되어 모어는 빈곤하게 살지 않으면 안 되었다. 모어는 교외로 거처를 옮겨 신념을 굽히지 않고 조용히 저술활동에 전념하려 했다. 그런데 1533년에 한 수녀가 사기죄로 고발당하는 사건이 발생한다. 그녀는 왕이 카타리나 공주와 이혼하고 앤 볼린과 결혼하면 한 달 안에 사망한다고 예언했다. 이전에 우연히 만난 적이 있으나

* Karl Kautsky, Ebd., S.200.

더 이상 교제를 하지 않았던 이 수녀의 사건에 모어도 불려갔다. 그러나 모어에게 죄가 있다는 근거가 없었고 모어는 런던시민의 존경을 받고 있었기 때문에 무죄가 인정되어 풀려났다. 수녀는 다른 여섯 명과 함께 처형되었다. 한 친구가 그에게 왕과 화해하라고 권유했다. 왕에 맞선다는 것은 죽음을 의미하기 때문이다. 모어는 친구에게 이렇게 대답했다. "나와 자네의 차이는 오늘 죽느냐 내일 죽느냐일 뿐이다."*

1533년 11월 의회는 영국 왕이 영국교회의 수장이라는 법령을 통과시켰다. 동시에 의회는 왕의 두 번째 결혼이 정당함을 인정했다. 카타리나의 딸 마리아 대신에 앤의 딸 엘리자베스가 후계자로 결정되었다. 이 법령을 인정하는 선서가 모든 사제와 장관에게 전달됐다. 모어에게도 하달되었다. 모어는 후계자 문제만을 인정하려 했다. 그 때문에 그는 체포되었고 감옥에 갇히게 되었다. 그는 일 년 이상 그곳에 갇혔고 그의 책들은 불태워졌다. 결국 그는 재판을 받게 되었다.

의회는 그에게 왕의 권위를 모독한 반역죄를 뒤집어 씌웠고 모어는 침묵으로 일관했다. 그때 모어가 의회는 왕을 교회의 수장으로 결정할 권리가 없다고 말했다는 증인이 나타났다. 모어는 잘 알지도 못하는 부랑아에게 그런 말을 했겠느냐고 반박했다. 모어가 그런 말을 한 적이 없다는 증인들이 나타났지만 모어에게 유죄가 선고되었다. 판결문에는 다음과 같은 사항이 적혀 있었다. "먼저 보안장관의 호위 아래 감옥으로 이송하고, 그 후에 런던 시내를 통해 티

* Ebd., S.203.

번으로 끌고 가, 그곳에서 반송장이 될 때까지 목을 매달고, 그 후에 산 채로 사지와 성기를 잘라내고 배를 갈라 내장을 꺼내 불태운다. 그 후에 시체를 4등분해 각각 성문에 걸고 머리는 런던 다리에 매 단다."* 왕은 모어에게 자비를 베풀어 교수형에 처하게 했다. 1535 년 7월 6일에 모어는 감옥에서 처형되었다.

---

* Ebd., S.205.

3 상상의 섬 유토피아

아무데도 있지 않은 곳 유토피아

'유토피아'는 '아무데도 있지 않은 곳'이라는 의미를 지니고 있다. 모어의 책에 등장하는 곳은 현실적으로는 존재하지 않으나 상상 속에 존재하는 섬이다. 유토피아에는 사유재산제를 부정하는 공산주의 이념이 포함되어 있었지만 당시 사람들은 그것을 동화처럼 생각했고 정부나 교회도 그것을 위험한 것으로 간주하지 않았다. 공산주의가 현실적으로 존재하지 않는 상황에서 그 이념은 어떠한 위험도 가져다줄 수 없었다.

사람들은 누구나 그런 소설을 쓸 수 있다고 생각했다. 더구나 처음에 라틴어로 출간된 이 책은 일반 사람들이 읽을 수 없었고 1551년에야 비로소 영어로 출간되어 대중에게 알려지게 되었다. 이 책의 제1장에는 외국 특사로 파견된 저자가 우연히 친구의 소개로 주인공 히스로데우스를 만나 그의 모험담을 듣게 되는 과정이 묘사되어 있고, 제2장에는 신비한 섬 유토피아의 실상에 대한 히스로데우스의 이야기가 자세히 기록되어 있다. 저자는 우연히 들은 이야기

모어의 유토피아를 표현한 그림.
유토피아는 '아무데도 있지 않은 곳'이라는 뜻이다.

를 전달하는 역할만 한다.

유토피아의 경제구조

　모어가 가장 심혈을 기울여 묘사했고 독자들이 가장 큰 흥미를 보인 내용은 바로 '유토피아'에 나타나는 사회의 경제구조다. 초기 자본주의를 체험한 모어는 경제생활이 개인의 행복과 사회의 안정을 쌓는 기초가 된다고 확신했다. 그는 이상적인 소설의 형식을 빌려 경제문제를 파고든 현실적인 인간이었다. '유토피아'는 24개 도시로 구성되어 있고 모든 도시의 언어, 풍속, 제도, 법이 동일하다. 각 도시의 중심에는 시가 있고 주변의 평지에는 농가로 구성된 마을이 있는데 한 농가에는 40명 정도의 가족이 산다. 농사를 짓기 위해 시에서 오는 사람들이 농가를 교대로 사용하며 농가의 소유주는 없다. 그들은 세 가구 단위로 대표자를 선출한다. 한 농가에서 매년 2년 이상 농사를 지은 사람 중 20명이 시로 되돌아간다. 그 대신 농사일을 배운 다른 20명이 충원된다. 물론 더 오래 농촌에 머물고 싶은 사람은 시로 가지 않아도 된다.

　시골 사람들은 농사를 짓고 가축을 기르며 땔감도 장만해 그 잉여분을 시에 전달한다. 그들은 닭과 오리의 번식을 위해 부화기를 사용하고 작황에 따라 이웃 마을을 도와주기도 한다. 농사 도구와 재료, 수확의 계절에 필요한 노동력은 시에서 무료로 공급받는다. 많은 사람이 금요일마다 시를 방문한다. 시에는 잘 정돈된 도로가 있고 아름다운 집이 있는데 모든 집에는 큰 정원이 딸려 있다. 정원에는 포도, 과일, 채소, 꽃 등이 풍성하게 자란다. 집에는 울타리가 없고 쉽게 열 수 있는 문이 있어 누구나 자유롭게 드나들 수 있다. 이곳의 집도 농가처럼 주인이 없고 주민들은 10년마다 제비를 뽑아 집을 교환한다. 유토피아에 사는 사람들은 누구를 막론하고 농사일을 한다. 그들은 모두 농사일을 하는 동시에 한가한 시간을 이용해 자기 취향에 맞는 수공일을 배운다. 능력 있는 사람은 여러 가지 일을 배울 수 있고 일에는 남녀의 구분이 없다. 주민들이 입는 옷은 비슷하며 남자와 여자, 기혼자와 미혼자 사이에만 구분이 있다. 옷은 대부분 각 가정에서 만든다.

대표자는 모두 열심히 일하고 놀고먹는 사람이 없도록 감독한다. 한 사람은 하루에 6시간만 일하면 된다. 그것으로 전 시민이 풍요롭게 살 수 있는 생산이 가능해진다. 생산물을 독차지하는 부자가 없기 때문이다. 거지도 없다. 화폐가 없기 때문에 낭비나 사치도 없다. 사제들의 추천과 시민들의 비밀투표를 통해 뽑힌 사람들은 노동에서 면제되고 학문에 전념한다. 공부를 따라가지 못하는 사람은 다시 수공자가 되고 수공자들도 능력을 인정받으면 학문을 배울 수 있다.

모어는 많은 사람이 농사일이나 수공일을 기쁜 마음으로 자랑스럽게 수행할 것이라 생각했다. 그러나 식사 준비, 청소, 장례, 도살 같은 천하고 귀찮은 일을 누가 할 것인가. 모어는 여기서 종교의 힘을 이용하려 한다. 그런 일을 하면 복을 받는다는 설교를 통해 시민들이 천하고 귀찮은 일을 자발적으로 할 수 있도록 하는 것이다. 물론 이곳에는 노예도 있다. 전쟁포로나 범죄자들은 일정 기간 노예로 일해야 한다. 노예들은 당연히 천한 일에 종사하며 범죄자들은 강제노동을 해야 한다.

유토피아의 가족 형태

가족과 결혼, 여성의 지위 등은 대부분 생산방식에 따라 좌우된다. 농사 중심의 사회구조인 봉건사회에서는 장자상속으로 가계를 잇기 위해 일부다처제가 필요했다. 반면에 노동자가 임금을 받아 생활하는 자본주의 사회에서는 자본가를 제외하고 일부일처제를 따라야 생존을 유지할 수 있었다. 개인의 토지소유가 금지된 유토피아에서는 일부일처제가 이루어진다. 결혼 적령기에 달한 여자는 결혼한 후 남자 집으로 들어간다. 가족이 불어난 가정에서 가족이 줄어든 가정에 아이를 입양 보내 가족 수를 적당하게 조정하면 전체 인구도 너무 많이 불어나거나 너무 많이 줄어들지 않게 된다. 전체적으로 인구가 증가하면 황무지를 개척해 새로운 도시를 개발한다. 원주민은 새로운 사회에 동화되든지 다른 곳으로 떠날 수 있다. 반항하는 원주민에게는 폭력을 사용할 수밖에 없다.

가족 가운데 최고령자가 가장이 된다. 부인은 남편에게, 아이들은 아버지에게 복종해야 한다. 모든 시는 네 구역으로 나뉘어 있다. 각 가정의 가장들은 중앙에 있는 시장으로 여분의 생산물을 가져오고 모자란 물건을 가져간다. 화폐가 없으므로 사고파는 일이 없다. 모든 것이 풍족해서 더 많은 물건을 지니기 위한 다툼이 일어나지 않는다. 시장 옆에는 식료품점이 있는데 여기서도 필요한 물건을 누구나 가져갈 수 있다. 시에는 커다란 주택이 있고 한 건물에 30가구가 입주한다. 시 변두리에 있는 병원에서는 노약자나 환자의 치료를 맡는다. 식사는 각 건물에 있는 식당에서 다 같이 한다. 식당은 노예들이 관리하고 요리와 배식은 각 가정의 주부들이 번갈아가면서 도와준다. 남녀는 각각 따로 앉으며 수유실도 있다. 점심은 간단하게, 저녁은 풍성하게 먹는다.

시골에서는 가정에서 식사를 한다. 여자들은 18세, 남자들은 22세가 되기 전에 결혼한다. 상대방을 선택하기 위해 선을 보는데 남녀는 보호자의 도움을 받아 상대방에게 나체를 보여주어야 한다. 상대방을 자세히 알고 결혼해야 이혼하지 않기 때문이다. 혹시 이혼을 신청한 경우에는 대표자회의에서 그 가부가 결정된다. 불륜을 범한 사람은 노예가 된다. 또다시 불륜을 범하면 사형에 처한다. 사제들은 뛰어난 여자와 결혼한다. 여자들도 사제가 될 수 있지만 나이 많은 과부들에 한해서만 가능하다. 모어는 가족문제에서 봉건적 잔재와 종교적 잔재를 사회주의적 이상 속에 혼합시키고 있다.

유토피아의 정치

유토피아의 정치기구는 가정을 중심으로 선출된 대표자회의다. 30가구마다 매년 대표자 한 명을 선출하고 이 10명의 대표자를 대표하는 상위 대표자를 선발한다. 200명의 상위 대표자들은 비밀투표로 군주를 선출한다. 군주는 독재를 하지 않는 한 평생 동안 지위를 유지하며 대표자회의와 함께 관리 문제를 결정하고 사소한 분쟁들을 조정한다. 각 도시는 해마다 3명의 연장자를 회의에 파견해 군주에게 조언을 할 수 있다. 대표자회의의 중요한 과제는 이 섬의 주민들이 모두 열심히 일하고 게으름을 피우지 않도록 격려하는 것이다.

대표자나 관리들은 결코 우월감을 갖지 않으며 부모나 형제에게 하듯 친절하게 봉사한다. 군주도 왕관을 쓰거나 사치를 하지 않으며 한 다발의 이삭을 손에 들고 다닌다. 사제들은 촛불을 들고 다니면서 자신들의 직책을 알린다. 이곳에는 최소한의 제도와 법률만 있을 뿐이다. 이들은 전쟁을 야만적인 행위로 간주하며 결코 이국을 침략하지 않는다. 그러나 침략을 방어하기 위해 남녀를 불문하고 훈련에 임하며 무기를 준비한다. 자국의 상인들이 외국에서 불법적으로 억압을 받는 경우에 전쟁이 일어날 수 있다. 국가는 무기를 마련하기 위한 수단으로 평상시에 금 같은 귀금속을 저장해놓는다.

평등한 교육이 이루어지는 유토피아 사회

유토피아에서는 아침 일찍부터 공개적인 강의가 시작된다. 이 강의는 학문에 종사하도록 선별된 사람들뿐만 아니라 일반인도 청강할 수 있다. 여자도 예외가 아니다. 과학과 학문은 이곳에 사는 모든 사람의 공통적인 관심사며 재부다. 모든 주민은 육체노동을 하지 않는 한가한 시간에 공부를 익히면서 삶의 보람을 느낀다. 누구에게나 평등한 교육 기회가 주어지며 육체노동과 정신노동이 구분되어 정신노동이 우위를 차지하는 일은 없다. 또한 육체적인 쾌락과 정신적인 쾌락을 모두 존중한다. 금욕을 주장하는 학문이나 스콜라 철학 같은 공허하고 추상적인 학문은 사라지고 건전한 육체를 길러 주는 학문, 자연과학적인 학문이 사회 흐름을 주도한다. 물론 학문에 종사하도록 결정된 사람들은 육체노동에서 제외되지만 그 수는 극히 제한되어 있다.

모든 학교교육은 남녀를 불문하고 육체노동과 정신적인 쾌락을 다 같이 향유할 수 있는 방향에서 이루어진다. 음악, 수학, 천문학, 논리학, 대화법에 대한 강의가 교육에 중요한 역할을 하며 강의는 모든 사람이 알아들을 수 있을 정도로 쉽게 진행된다. 도덕론에서는 덕과 쾌락 모두가 중요하다는 사실을 강조하고 인간의 행복이 무엇인가라는 문제를 가장 중요하게 다룬다. 교사는 학생들에게 행복의 필수조건이 건강이라고 가르친다.

유토피아의 자유로운 종교 형태

종교문제에 관해서는 앞에서 간간이 언급했다. 얼핏 보기에 모어가 기독교적인 전통에서 벗어나지 못한 것 같지만 실제로 유토피아의 종교는 매우 자유로운 모습을 지닌다. 유토피아에서는 모든 종교가 용인된다. 기독교신자는 물론 태양과 달을 숭배하는 자, 다신론자, 초월적인 존재를 믿는 범신론자 등이 자기 방식대로 예배 보고 기도할 수 있다. 누구도 자신의 신앙 때문에 박해나 불이익을 당해서는 안 된다. 특히 자신의 종교를 타인에게 강요하면 안 된다. 자기 종교만이 옳다고 주장해도 안 된다. 그러한 종교는 필연적으로 미신에 빠지고 만다. 다만 무신론의 전파는 허용하지 않는다. 모어는 무신론자들을 개인의 이익만 생각하는 이기주의자들이라 생각해 공동사업에서 배제하려 했다. 종교적 관용을 지지하던 모어가 무신론과 유물론을 이해하지 못하고 이기주의로 간주한 것은 시대적인 한계에서 오는 편견이었다. 18세기 프랑스 계몽주의 철학자들은 무신론만이 계급적인 이해관계를 벗어나 인류의 보편적인 행복을 가져다줄 수 있다고 주장했다.

우리는 앞서 서술한 내용으로 모어의 사회주의 이념을 엿볼 수 있었다. 마지막으로 모어의 이념을 『유토피아』에 담긴 사회주의 사상을 통해 직접 알아보자.

"사유재산이 존재하는 곳, 돈이 모든 것의 척도가 되는 곳에서는 어디서나 정의롭고 행복한 정치가 가능하지 않다. … 국가의 복지로 나아가는 유일한 길은 소유의 평등을 도입하는 것이다. …부자들은 욕심이 많고 사기성이 농후하며 쓸모없는 인간들인 반면 가난한 사람들은 매일의 노동을 통해 자기 자신보다 공공복지에 이바지하는 겸손하고 소박한 사람들이다. 그러므로 나는 평등하고 정의로운 방식으로 재산을 분배하고 사람들을 행복하게 만드는 유일한 방법은 사유재산의 완전한 폐기라는 확고한 신념이 있다. … 공동복지라는 말을 할 때 사람들은 보통 자신의 이익을 염두에 둔다. 그러나 사유재산이 존재하지 않는 유토피아에서는 사람들이 진지하게 전체의 이익만을 생각한다. … 여기서는 자연스럽게 돈의 사용과 함께 돈에 대한 욕심이 사라진다. 그것을 통해 얼마나 많은 죄악이 사라지고 부자 나라에 퍼져 있는 범죄의 뿌리들이 뽑히는가! 사기, 절도, 강도, 싸움, 불안, 다툼, 봉기, 살인, 배반, 독극물 혼합 등은 일상적인 처벌을 통해 억제되지 않고 화폐가 없어져야 사라지며 공포, 불안, 수고, 밤을 새우며 지키는 일도 돈이 사라지는 순간 함께 사라진다는 사실을 누가 모르겠는가? 그렇다, 돈을 완전히 없애면 돈을 사용하면서 나타나는 유일한 상태인 빈곤 자체가 곧 줄어들 것이다."*

* Thomas More, *Utopia*, Leipzig, 1976, S.45, 46, 126, 128f.

4 산업사회의 실현을 꿈꾼 생시몽

19세기 초반의 공상적 사회주의자들

유토피아 사상은 모어 이후 잊힌 듯했으나 18세기 프랑스의 계몽주의 철학자들 사이에서 다시 나타났다. 마블리^{Gabriel Bonnot de Mably,} ¹⁷⁰⁹⁻⁸⁵, 모렐리^{Morelly, ?-?}, 루소^{Jean-Jacques Rousseau, 1712-78}, 디드로^{Denis} ^{Diderot, 1713-84} 등은 그들의 사회 비판적인 저술에 유토피아 사상을 드러냈다. 특히 루소는 『인간 불평등 기원론』^{Discours sur l'origine et les} ^{Fondements de l'inégalité parmi les hommes}에서 사유재산의 발생과 더불어 인간의 불평등이 나타나고 인간이 불행해졌다고 주장하면서 원시공산사회의 이상을 제시했다. 프랑스혁명과 함께 미래를 바라보며 사회주의의 이념을 실천하려는 혁명가도 나타났는데 그가 바로 바뵈프^{François Noël Babeuf, 1760-97}다. 바뵈프는 사회주의를 실현하려다 실패해 처형되었지만 그가 역사발전에 머리를 내밀기 시작한 무산계급에 눈을 돌렸다는 점에서 이전의 공상적 사회주의자들과 다른 모습을 보여주었다.

1789년 프랑스혁명이 성공하면서 많은 사람은 그들이 염원하던 이상사회가 실현되리라는 기대에 부풀었다. 그러나 혁명이 성공한 후 민중의 편에 서서 혁명을 성공시킨 부르주아들은 스스로 지배계급이 되어 민중을 착취했다. 산업의 발전으로 많은 노동자가 생겼고 이들은 임금노동으로 생존을 유지해야 했다. 노동자들은 억압과 착취를 당하면서도 상위계급으로 성장하지 못했고 그들은 자신의 비참한 삶이 외적인 힘을 통해 소멸되기를 기대했다. 이러한 이념을 대변해 나타난 공상적 사회주의자가 프랑스의 생시몽^{Claude Henri de Rouvroy Saint-Simon, 1760-1825}과 푸리에^{François Marie Charles Fourier, 1772-1835}, 영국의 오언^{Robert Owen, 1771-1858}이었다.

생시몽의 어린 시절

생시몽은 파리 귀족 가문에서 9남매 중 둘째로 태어났다. 생시몽의 조상은 화려한 귀족이었지만 그의 아버지는 토지나 사업 능력이 없어 왕이 주는 연금으로 살아가고 있었다. 그러나 생시몽은 가문에 어울리는 좋은 교육을 받으면서 프랑스 백과전서파의 사상을 습득했고 정치적으로도 상당히 진보적이었다. 그는 군에서 장교로 근무한 후 20세에 자발적으로 미국 독립전쟁에 참여했다. 그는 워싱턴 휘하에서 싸우다가 부상을 당할 정도로 용감하게 싸웠고 미국의 독립과 더불어 선포된 인권선언에 감동받았다.

생시몽은 자유, 정의, 평등을 위해 헌신했다는 자부심을 지니고 1783년에 프랑스로 돌아왔다. 당시에 그는 미국이라는 나라의 본질을 잘 파악하지 못하고 기대에 부풀어 다음과 같이 말했다. "나는 미국의 혁명이 새로운 정치시대의 출발을 보여준다고 확신한다. 이 혁명은 필연적으로 전 문명에 중요한 발전을 초래하며 조만간 당시의 유럽 사회제도에 커다란 변화를 일으켜주리라 예감한다."* 그는 말년에 가서야 자본주의 발전에 의존하는 미국의 정치가 이전의 영국처럼 흑인이나 노동자들의 착취에 의존하는 비민주적인 형태임을 간파하고 비판의 화살을 돌렸다.

생시몽은 멕시코, 네덜란드, 스페인 등에서 운하건설과 연관된 작업에 참여하다가 프랑스혁명이 일어나자 프랑스로 돌아와 투자사업에 전념했다. 그 당시에 그는 정치나 혁명에 별로 관심이 없는 것처럼 보였지만 프랑스 군주제가 몰락하고 새로운 시기가 다가오리라는 사실을 결코 의심하지 않았다. 그의 확신은 혁명을 통해 입증되었고 그는 1791년 여름에 반동혁명의 기운이 나타나자 지역 혁명군의 지휘를 맡았다. 그는 혁명과 조국의 방어가 필요하다는 사실을 다시 한번 확신했다. 그는 지롱드당의 이론가 콩도르세뿐만 아니라 사회주의자 바뵈프와도 친분을 맺었다. 물론 이 시절에 그는 몰수된 교회재산에 투기해 막대한 이익도 얻었다.

과학의 위험성을 경고한 생시몽

18세기가 지나면서 프랑스혁명이 무너지기 시작했다. 브뤼메르 18일^{1799년 11월 9일}에 나폴레옹의 쿠데타가 성공하고 혁명집행위원회가 해산되었다. 나폴레옹의 집정관들은 12월 15일에 이렇게 선언했다. "프랑스인들이여, 새로운 헌법이 나왔다. …헌법은 의회정부의

* Saint-Simon, *Ausgewählte Texte. Mit einem Vorwort*, Kommentaren und Anmerkungen von Jean Dautry, Berlin, 1957, S.76.

생시몽의 초상화.
생시몽은 유한계급을 비판하고
새로운 사회제도를 건설해야 한다고 주장한
공상적 사회주의자다.

참된 원칙과 사유재산, 평등, 자유, 신성한 권리에 근거한다. …시민들이여, 혁명은 그 출발원칙과 함께 이제 끝이 났다."* 여기서 말하는 원칙은 대부르주아지의 이해를 대변하는 것이었다. 혁명에 참여한 이들은 그들이 쟁취한 열매를 향유하기 위해 강한 국가권력이 필요했다.

귀족과 군주의 시대는 지나가고 투자가 중심이 되는 자본의 시대가 다가왔다. 그것을 위해 무엇보다 필요한 것은 사유재산의 보호였다. 자코뱅당과 바뵈프주의자들의 움직임은 물론 민중의 불만에 직면한 부르주아지들은 위협을 느끼고 있었다. 자코뱅당과 바뵈프주의자들은 부르주아들이 말하는 정치적 평등을 넘어 경제적 평등의 목소리를 내기 시작했다. 부르주아지들은 그 싹을 없애기 위해 강한 국가와 뛰어난 통치자가 필요했는데 이에 적합한 인물이 바로 나폴레옹이었다. 일반 민중은 그 내막을 간파하지 못하고 나폴레옹을 환영했다. 생시몽도 처음에는 그렇게 착각했다. 그는 자랑스럽게 '위대한 나폴레옹'이라 말했고 나폴레옹의 지배를 통해 프랑스가 번영할 것이라고 믿었다. 그러나 차차 생시몽의 생각이 바뀌어 그는 결국 나폴레옹을 폭군이라 부르며 세계를 정복하려는 그의 야욕을 비난하고 그가 혁명의 원칙을 배반했다고 선언했다.

그사이에 생시몽은 투자에도 실패했다. 그는 혁명의 원칙이 무너졌지만 새로운 길을 개척해야 한다고 믿었고 그것을 학문의 발전에서 찾으려 했다. 그는 신설된 기술대학 옆에 거처를 정해 물리학 공

* W. Markov, *Revolution im Zeugenstand.*
Frankreich 1789-1799, Leipzig. 1982. S.698f.

부를 시작했고 계속해서 의학과 생리학을 공부했다. 그때 그의 나이는 40세였다. 그는 뛰어난 학식으로 명성을 얻게 되었다. 그는 1801년에 예술에 관심이 많은 소피^{Sophie}와 결혼했는데 그녀를 통해 시인과 작곡가를 알게 되었다. 그러나 소피와의 결혼생활은 오래가지 못했다. 생시몽은 일 년 만에 소피와 헤어졌고 다시 학문에 전념했다.

그는 청강을 하고 여행을 떠나고 도서관에 다니면서 견문을 넓혔다. 그는 독일과 영국을 여행한 후에 스위스 제네바에 머물면서 『제네바의 한 주민이 동시대인에게 보내는 편지』^{Lettres d'un habitant de Genève à ses contemporains}를 저술했다. 그는 편지 형식으로 된 저술에서 루소의 『신엘로이즈』^{La Nouvelle Héloïse}나 괴테^{Johann Wolfgang von Goethe, 1749-1832}의 『젊은 베르테르의 슬픔』^{Die Leiden des jungen Werthers} 같은 문학 형식으로 자신의 이념을 제시했는데 그 핵심은 인간의 행복을 어떻게 증가시킬 수 있느냐 하는 문제였다. 그는 그에 대한 가장 중요한 열쇠를 과학의 발전에서 찾았다. 그는 과학이 이론과 실천의 통일을 이룰 때만 인간에게 봉사할 수 있다고 주장하면서 1813년에 저술한 『인간과학론』^{Mémoire sur la Science de l'Homme}에서 전쟁과 파괴에 봉사하는 과학의 위험성을 경고했다. 그는 과학이 만들어낸 무기가 인류를 파괴한다는 사실을 염두에 두지 않는 과학자들을 비판하면서 과학자의 양심을 일깨우려 했다.

변증법적 이념을 지니게 된 생시몽

생시몽은 인간도 자연의 일부며 자연법칙에 의존한다는 사실을 강조한다. "우주는 누구에게나 두 가지 요소로 구성되어 있다. 하나는 자아며, 다른 하나는 자기 밖에 있는 어떤 것이다. 나는 커다란 부분을 대우주로, 작은 부분을 소우주로 부르고 싶다. 큰 쪽에서 작은 쪽으로, 작은 쪽에서 큰 쪽으로 끊임없는 작용과 반작용이 나타난다."* 그는 사회적 현상에도 일정한 법칙이 존재한다는 것을 인정하면서 사회현상도 과학처럼 연구해야 한다고 주장했다. 그는 보편적인 역사법칙을 추구하는 역사철학의 가능성은 인정했다. 그는 역사기술도 생리학이나 심리학처럼 객관적인 사실 관찰에 의존해야 한다고 말하면서 인간의 본질을 개별자가 아닌 사회적 존재에서 찾았다. 사회는 개별적인 인간들의 우연한 집합체가 아니라 일종의 유기적인 조직이다.

생시몽은 프랑스 계몽주의 철학자들처럼 역사발전의 동인을 이성을 실현하려는 인간의 노력에서 찾았다. 그는 혁명의 실패를 교훈삼아 이전의 환상을 무조건 답습하지 않고 비판적인 시각으로 사회를 바라보며 역사가 퇴보와 발전을 겪는다는 변증법적인 이념을 지니게 되었다. 그는 역사발전의 시기를 세 단계로 구분했다. 첫째, 노예제와 다신론이 중심이 되는 고대. 둘째, 농노제와 일신론이 중심이 되는 중세. 마지막으로는 자유생산에 의존하며 산업과 과학이 주도하는 근세였다. 이러한 구분에는 생산방식과 거기에 의존하는 이념의 연관성이 담겨 있다.

* Saint-Simon, *Ausgewählte Schriften.*, Hrsg. von Lola Zahn, Berlin, 1980, S.115.

산업의 발전

1805년에 들어서면서 생시몽은 그의 재산이 줄어들어 이전처럼 자유분방하게 친구들을 초대해 대화를 나눌 수 없었다. 그는 일자리를 찾다 전당포 서기 자리를 얻었는데 그 당시 전당포 서기 자리는 박봉에다 일이 힘들었다. 그는 이전에 자기 집에서 일했던 디아르Diard의 도움을 받아 그의 집에 머무르게 되었다. 디아르는 생시몽이 책을 출간할 수 있도록 도와주기도 했다. 이때 나온 책이 『19세기의 과학연구 서론』이었는데 당시 별로 주목을 받지 못했다. 디아르가 사망하자 생시몽은 다시 어려움에 빠졌다. "나는 3주 이상 마른 빵에다 물만 마셨다. 나는 난로도 없이 작업했으며 내 작업을 알리는 데 필요한 인쇄견본 비용을 충당하기 위해 마지막 남은 옷까지 팔아야 했다."*

이 시기에 나폴레옹은 황제의 지위에서 물러나 엘바섬으로 귀양을 갔지만 반동의 물결이 거세게 일어났다. 생시몽은 티에리Thierry, 1795-1856와 함께 반동에 저항해 『유럽 사회의 재구성』De la réorganisation de la société européenne이라는 책을 저술을 했는데 프랑스 정부는 이 책의 확산을 방해했고 티에리는 교직에서 축출되었다. 생시몽은 이 책에서 처음으로 정치문제에 관심을 기울였고 이 책은 시민들의 큰 호응을 얻었다. 나폴레옹의 침략전쟁에 지친 민중들은 평화를 갈망했고 이 책은 그런 민중들의 요구에 부응했다. 생시몽은 계몽주의자 생피에르Saint Pierre, 1658-1748의 『영구평화론』Le Projet de paix perpétuelle, 칸트의 『영구평화론』의 이념과 비슷하게 유럽에 평화조약기구가 창

---

* Ebd., S.92.

설되어야 한다고 주장했다. 공장주와 은행가들이 생시몽을 지원했고 콩트$^{Auguste\ Comte,\ 1798-1857}$같은 철학자들도 그의 주장에 동조했다. 생시몽은 이들과 함께 『산업』이라는 잡지를 발간했다. 이 잡지는 "모든 것은 산업을 위해, 모든 것은 산업을 통해!"라는 문구를 내세웠다.

생시몽은 계몽주의 정신을 이어받아 이성적인 사회 실현이 산업의 발전을 통해 이루어질 수 있다고 생각했다. 그런 의미에서 그는 우선 노동자와 공장주, 은행가가 협력하는 산업사회의 실현을 목표로 삼았다. 그러나 혁명이 변질되고 다시 자본가들이 노동자들을 착취하는 상황이 벌어지자 그의 생각에도 변화가 일어났다. 놀고먹는 유한계급이 사회발전을 가로막는 장애물이 된다는 것을 의식하기 시작했기 때문이다. 그는 구시대의 유한계급과 비슷한 새 시대의 유한계급이 등장했기 때문에 유한계급이 철폐되지 않고는 혁명의 이념이 실현될 수 없다고 생각했다. "우리는 우리의 혁명에서 새로운 체계의 사회조직을 창조하려는 목표를 내세웠다. 그런데 우리의 노력과는 정반대로 실천적인 관점에서나 이론적인 관점에서 우리는 구체제를 무너뜨릴 수 없었다."*

유한계급에 대한 비판

생시몽에 따르면 이제 역사의 주체는 비생산적인 유한계급을 무너뜨리는 노동자가 되어야 한다. 왕과 그 시종들, 장관, 장교, 관리, 성직자, 부자 등이 노동자들의 노동으로 살아가는 유한계급이며 이

* Ebd., S.339.

들은 사회에 이익이 아니라 손해를 끼친다. 그러므로 유한계급은 점차 사라져야 한다. 특히 전쟁으로 인류를 불행하게 하는 군대는 사라져야 한다. 그에 반해 과학자, 예술가, 기술자, 노동자 등은 사회를 꽃피우는 원동력이다. 이들이 주축이 되지 못하는 국가는 영혼 없는 육체와 같다. 이러한 생시몽의 주장은 정부의 불만을 샀고 그는 정부에게 고발되어 법정에 섰으나 무죄를 인정받고 풀려났다. 당시에도 표현의 자유가 존재했기 때문이다.

그의 마지막 저술인 『새로운 기독교』*Nouveau christianisme*에는 노동계급의 해방을 부추기는 사회주의적 이상이 제시되었다. 그는 노동자들에게 황무지를 개간해 노동자들이 주인이 되는 나라를 건설하라고 권장한다. 이 나라에서는 인간에 의한 인간의 지배 대신 자연에 대한 지배가 우선시되어 생산이 주가 되고 모든 사람이 가난에서 해방될 수 있다. 유한계급이 사라지면 노동에 종사하는 모두가 만족하며 행복하게 살 수 있다. "전체 사회는 가장 가난한 계급의 정신적이고 물질적인 삶의 개선에 집중해야 한다. 사회는 이러한 목적을 달성하는 데 가장 적합한 방식으로 구성되어야 한다."*

---

* Ebd., S.443.

5 변증법적 사고방식을 제시한 푸리에의 이상사회

푸리에의 착한 성품

푸리에는 프랑스의 도시 브장송에서 부유한 상인의 막내아들로 태어났다. 그는 여기서 대학을 다녔는데 혁명적인 이념과는 거리가 먼 전통적인 교육을 받았다. 그는 근면하고 공부도 잘했으며 음악을 매우 좋아했고 지리에 관심이 많았다. 그는 품성이 온화해 학창시절에 선행상을 많이 받았다. "푸리에는 밥을 잘 먹었지만 학교에 갈 때마다 차가운 고기를 넣은 빵을 가지고 갔다. 어느 날 그가 여행을 떠났을 때 가난한 아이가 상점에 나타나 어린 주인이 아프냐고 물었다. 푸리에가 여행을 떠났다는 말을 듣자 아이는 울음을 터뜨렸다. 이유를 묻자 그는 매일 어린 주인이 아침을 가져다주었는데 이제 그것이 사라졌다고 대답했다. 사람들은 그를 달래고 대용품을 건네주었다."[*]

푸리에는 어렸을 때부터 정의감이 강하고 불의를 싫어했다. 푸리에의 양친은 아들이 상업교육을 받아서 부모의 사업을 이어받기를 기대했다. 아버지는 푸리에가 어렸을 때부터 상점에 데려가 상

[*] A. Bebel, *Charles Fourier: Sein Leben und seine Theorien*, Leipzig, 1978, S.19.

업의 비밀을 알려주었다. 푸리에는 바로 그것 때문에 상업에 거부
감을 느끼기 시작했다. 그는 6세 때부터 속임수가 없는 장사는 성
공할 수 없다는 사실을 알아차렸다. 학교에서 항상 정직해야 한다
고 배웠는데 현실은 그것과 너무 달랐다. 푸리에는 일생 동안 상인
으로서 성공하지 못했다. 그는 파리에 가서 논리학과 물리학을 배
우고 싶었지만 양친의 의견에 따라 리옹에서 상업교육을 받게 되
었다. 그는 사관학교에 들어가려 했으나 귀족 출신이 아니어서 입
학하지 못했다.

학문의 길에 들어선 푸리에

푸리에는 파리 다음으로 중요한 상업도시인 리옹에서 상업교육
을 받았다. 그 후 아버지가 돌아가시고 물려받은 유산으로 1792년
에 도매상을 차렸다. 그러나 푸리에는 사업에 실패했고 반혁명세력
은 그의 재산을 몰수하고 그를 징집했으며 삼촌은 그에게 부도어음
을 지불해 그는 빈털털이 신세가 되었다.

푸리에는 병 때문에 군복무를 짧게 끝내고 여러 가지 보잘것없
는 직업을 전전하면서 각지를 떠돌아다니다가 리옹에 돌아와 머물
면서 글을 쓰기 시작했다. 그의 첫 작품은 생시몽처럼 유럽국가들
사이에 평화가 구축되어야 한다는 내용이었다. 당시 학자들은 푸리
에의 글을 몽상가의 궤변으로 간주했으며 그를 바보 취급하기도 했
다. 그러나 그는 1803년 신문기사에 게재한 「보편적 조화」라는 짤
막한 글로 인정받기 시작했다. 그는 이 기사에서 이전의 사회주의

푸리에의 초상화.
그는 세상의 모든 것이 변한다는
변증법적 사고방식을 제시했다.

운동을 요약했고 그것을 훗날의 저술에서 상세하게 전개했다.

혁명과 반동혁명, 구금, 재산몰수 등 그가 겪은 많은 수난과 객지에서의 체험이 그의 비판적인 안목을 길러주었다. 그는 마르세유에서 사람들이 물건 값을 올리기 위해 상품을 바다에 퍼붓는 장면을 보았고 파리에서는 사과가 산지의 100배가 넘는 값으로 팔리는 광경을 목격했다. 민중들의 가난하고 비참한 삶과 대조되는 환락에 빠진 부자들의 사치도 목격했다. 그의 양심은 더 이상 기다릴 수 없었다. 그는 펜을 들고 시대의 모순과 투쟁하기로 결심했다.

시대의 모순과 투쟁하는 푸리에

푸리에는 대학의 정규 교육을 받지 못해 독학으로 필요한 지식을 습득해야 했으며 사무실과 회사에서 잠자는 시간을 이용해 독서를 했다. 그의 이론은 사회 현실을 비판적인 관점으로 바라보는 그의 태도에서 더 많은 자양분을 얻었다. 그는 놀라울 정도로 정확하게 당시 사회생활을 분석하고 그 모순을 밝혀냈으며 그것을 올바른 궤도에 올려놓으려 노력했다. 푸리에가 1808년에 저술한『네 가지 운동과 보편적 운명에 관한 이론』*Théorie des quatre mouvements et des destinées générales*에 그의 이념이 자세하게 기술되어 있다. 이 책에서 그는 사회비판적인 서술뿐만 아니라 자연철학과 인식론의 문제, 신과 세계의 문제를 다루었다. 이 책은 당시에 큰 반향을 일으키지는 못했지만 푸리에는 실망하지 않고 연구를 계속하며 부족한 점을 보충했다.

푸리에는 1817년에 그의 어머니가 돌아가시면서 물려준 유산으로 다른 일을 하지 않고도 생계를 유지하며 연구에 전념할 수 있었다. 그는 이 시기에 그의 대표작이라고 할 수 있는『보편적 통일론』*Théorie de l'unité universelle*을 저술했다. 그는 이 책에서 사회문제뿐만 아니라 철학적인 문제도 함께 다루며 혁명 후에 자본주의가 발전하고 빈부의 격차가 심해져 사회적 모순이 심화된 사실을 분석했다.

1825년에 푸리에는 파리로 거처를 옮겼다. 그는 거기서『새 산업 및 사회세계』*Le Nouveau monde industriel, ou invention du procédé d'industrie attrayante et combinée*라는 책을 저술했다. 푸리에의 전기를 쓴 베벨*August Ferdinand Bebel, 1840-1913*은 이렇게 말했다. "이 책은 푸리에의 모든 저술 가운데 가장 정확하고 가장 명료하게 씌어졌다. 그는 가능한 한 사변적이고 우주적인 몽상을 피하고 그 대신 실천적인 문제를 더 자세히 다루었다. 이 책은 그의 이념의 진수로 간주할 수 있다."[*]

푸리에는 말년에 독신으로 검소하게 살았는데 그의 누나가 그를 돌봐주었다. 푸리에는 병에 시달리면서도 끝까지 작업을 계속했다. 그는 사회·경제적인 문제부터 윤리·교육적인 문제에 이르는 많은 글을 여러 잡지에 발표했다. 그는 당시의 다른 공상적 사회주의자 생시몽과 오언의 주장을 옹호하는 글도 썼다. 그러나 마지막 글에는 스스로의 이상이 실현될 수 없음을 깨닫고 체념한 흔적이 엿보인다. 그가 계획했던 자연농장도 사람들의 무관심 때문에 실패하고 말았다.

[*] Ebd., S.45.

현실과 밀접한 철학에 집중한 푸리에

푸리에의 세계관은 자연과 사회가 서로 통일을 이룬다는 전제 아래 그 보편적인 발전법칙을 찾아내려는 노력으로 점철되었다. 그것을 위해 그는 고대부터 근세에 이르는 많은 철학자와 근세 자연과학자의 이론을 연구했는데 특히 프랑스 계몽주의 철학자들의 유물론에 관심을 가졌다. 그는 독일의 고전철학에도 관심이 있었고 동시대의 사회주의 사상가였던 생시몽과 오언의 저술도 잘 알았다. 주로 책을 통한 독학이었지만 철학과 과학에 대한 방대한 지식을 습득했고 그러한 지식을 스스로 체험한 현실과 관련지어 새로운 형태로 발전시켰다. 그는 현실과 동떨어진 관념적인 철학을 불확실하고 불분명한 학문으로 배격했지만 현실과 연관된 철학은 소홀히 하지 않았다.

그는 인류의 철학과 과학을 섭렵한 후에 이렇게 말한다. "정치학과 윤리학은 2,500여 년 동안 존속했지만 인류의 행복을 위해 한 일이 없다. 고난과 배신만을 영구화하는 길로 내달았다. 도시에 살고 있는 가난한 사람들의 눈초리만 보아도 철학자들의 견해가 오류였다는 사실을 알 수 있다."[*] 그는 이성의 승리를 구가하며 성취했던 프랑스혁명이 쇠퇴의 길로 나아간 데에는 정치가와 철학자들의 책임이 크다고 생각했다.

푸리에의 사회운동

푸리에는 잘못된 현실을 비판하면서 인류의 역사를 변화시키는

---

[*] Charles Fourier, *Theorie der vier Bewegungen und der allgemeinen Bestimmungen*, Hrsg. von Theodor W. Adorno, Frankfurt am Main, 1966, S.61.

네 가지 운동이론인 사회적·동물적·유기체적·물질적 운동을 제시했다. 이 가운데서 가장 중요한 운동은 바로 사회적 운동이다. 그는 모든 운동의 원인으로 세 가지 원리를 들었는데 그것은 능동적인 정신원리, 수동적인 물질원리, 규정적인 수학원리다. 인간의 능동적 원리는 정열^{본능}이고 수동적 원리는 육체며 규제 원리는 지성이다.

푸리에는 세상의 모든 것이 변한다는 변증법적 사고방식을 제시했다. 모든 변화는 생성시기, 발전시기, 쇠퇴시기, 사멸시기 이 네 단계를 거친다. 사멸한 모든 것은 다시 생성 단계에 들어서고 조화로운 발전과 파괴적인 발전이 계속된다. 그에 따라 사회도 끊임없이 발전하는 과정으로 파악되어야 한다. 그는 당시 사회를 새로운 사회를 탄생시키기 위한 일종의 과도적인 단계로 규정했다. 그는 분명하게 가난한 민중의 편에 서서 당시 사회가 지닌 모순을 들춰냈다. 민중의 무지와 그와 연관된 민중의 착취가 생산방식에서 오는 필연적인 결과라고 지적했다. 그는 동시에 이러한 모순에 의거하는 사회는 결국 가난한 하층민뿐만 아니라 부유한 상층계급에도 치명적일 것이라고 주장했다.

푸리에는 1831년과 1834년에 일어난 리옹 견직공장 노동자들의 봉기를 목격했다. 이 봉기에서 젊은 노동자들은 "일하면서 살든가 투쟁하면서 죽든가!"라는 구호를 내세웠다. 그는 단순히 자본주의의 경쟁원리만을 비판한 것이 아니라 자본주의 사회구조 전체에 비판의 화살을 돌렸다. 다시 말해 그는 생산방식·상업·국가·도덕·결혼·가족·교육·과학·예술 등의 모든 분야를 비판했다.

상업과 결혼에 대한 비판

푸리에가 가장 신랄하게 비판한 영역은 상업과 결혼이었다. 그는 최대의 이윤을 얻기 위해 가능한 한 모든 수단을 사용하는 자본주의 사회의 유통구조를 비판했다. 또한 그는 생산자와 소비자에게 손해를 주는 상업자본의 죄악을 밝혔다. 자본주의 사회구조에서 상업이 갖는 기생적인 본질을 밝혀낸 것이다. 푸리에는 문명 속의 빈곤이 과잉에서 태어난다는 사실도 지적했다. 다수의 빈곤은 결국 사회에 위기를 초래하며 사회 구성원 전체에 독이 된다. 자본주의 사회에서 노동은 즐거움 대신 착취를 불러오고 저주의 근원이 된다. 그러나 푸리에는 이러한 문제의 근본원인을 더 과학적으로 분석할 수 없었다. 그는 이 문제의 해결을 초기 맑스[Karl Marx, 1818-83]에게 넘겨주었다. 그것이 바로 인간소외 문제다.

푸리에는 결혼과 가족 문제에 집중했고 이 문제를 사회경제적인 문제, 즉 생산방식의 문제와 결부시켰다. 그는 사랑과 결혼에 돈이 미치는 부정적인 영향을 지적했을 뿐만 아니라 자본주의 사회에서의 결혼이 분산적인 세포로서 지니는 이기적인 성격 때문에 공통적인 사회복지에 유해하다는 결론을 내렸다. 그는 남녀평등과 여성해방이 전반적인 사회발전의 척도가 된다고 말했다. 푸리에는 여성이 해방되어 충분한 교육을 받으면 "여자들의 노동 의욕이 더 높아지고 여성의 정직성이나 고귀성이 남성보다 우월해진다"*라고 말했다. 그에 따르면 정치, 학문, 예술에서도 여성이 남성에게 뒤지지 않는다.

* Ebd., S.206.

푸리에의 이상사회

푸리에는 돈이 중심이 되는 자본주의적 사회구조에서 나타나는 모순을 정치, 국가, 법, 종교 등의 영역에서 지적하고 비판했다. 그는 경제가 정치를 포함한 모든 것을 좌우하는 결정적인 요인이라고 결론지었다. 그는 자본주의 사회의 비판에만 머문 것이 아니라 그 대안으로 미지의 사회를 내세웠는데 물론 그것은 사회주의적인 요소가 담긴 사회였다. 그는 새로운 이상사회의 특징을 '보편적 조화'라고 불렀다. '보편적 조화'의 목적은 무엇보다도 육체노동과 정신노동, 도시와 농촌, 농업과 수공업 사이의 상반성이 사라지고 서로 조화를 이루는 데 있다. 푸리에는 농촌을 황폐화시키고 환경을 파괴하는 산업을 비판하면서 "여기에 자기 파괴적인 산업이 작동하고 있다"*라고 말했다. 그가 제시한 미래사회에는 자연에 대한 약탈이 근절될 뿐만 아니라 후손을 위한 배려가 깃들어 있다. 수목 조성이 하나의 예다.

푸리에는 자신이 예견하는 미래사회와 관련해 두 가지 관점을 제시한다. 하나는 빈곤퇴치와 복지증진을 위한 물질적인 기초를 마련하는 것이다. 그것을 위해 착취 없이 즐겁게 노동해야 한다. 노동은 인간 안에 내재한 능력의 자유로운 전개이기 때문이다.

다른 하나는 이러한 미래사회가 혁명이 아닌 진화적인 방식으로 이루어져야 한다는 것이다. 푸리에는 여러 개의 집단농장이 모여 형성된 팔랑스테르phalanstère라는 조합공동체를 염원했다. 하나의 농장은 1,500~2,000명의 농장원으로 구성된다. 여기에는 명령과 압박이

---

* Charles Fourier, *Ökonomische-philosophische Schriften. Eine Textauswahl.* Hrsg. von Lola Zahn, Berlin, 1980, S.42.

없고 누구나 자발적으로 노동에 참여한다. 농장원 개개인은 자신의 이익을 추구하는 동시에 보편적인 이익을 위해 봉사한다. 이곳에서는 농업·산업·상업·교육·과학·예술이 균형을 이루어 발전하며 전체적인 조화와 통일이 형성된다.

푸리에는 여기서 무조건적인 평등주의나 금욕주의를 내세우지 않는다. 그는 복지와 행복이 사회발전의 원동력임을 강조한다. 그는 무조건 사유재산을 폐기하지 않으려 하며 사유재산의 차이도 인정한다. 자본가의 지원이 있어야 집단농장을 건설할 수 있다. 그러나 자본가는 착취의 고리를 끊어야 하며 이전의 자본가들처럼 놀고 먹어서는 안 된다. 누구나 예외 없이 일해야 하고 다른 사람의 노동 덕분으로 살아가서는 안 된다. 분배에서 자본가나 특수기능자의 몫을 인정해야 하지만 노동 능력이 최고의 가치로 평가된다. 이처럼 푸리에는 생산력의 발전보다는 생산관계의 새로운 조직에 눈을 돌리면서 사회주의의 이상을 한 단계 높이 올려놓았다.

이상사회에서의 종교

푸리에의 이상사회에서도 종교는 인정된다. 그는 무신론자가 아닌데도 신의 작용을 인정했다. 물론 신을 자연의 수학적이고 합리적인 작용의 근원으로서만 인정했지만 푸리에도 생시몽처럼 기독교적인 세계관을 완전히 벗어날 수 없었다. 그는 종교가 부자들의 착취를 어느 정도 완화할 수 있다고 생각했는데 아직 종교의 본질을 완전히 파악하지 못한 데서 오는 편견이었던 것 같다. 유물론적이고 무신론적인 이념으로 관철되었던 프랑스혁명이 쇠퇴하고 반동세력이 힘을 얻으면서 종교도 다시 세력을 강화했다. 그러한 분위기에서 푸리에 자신이 철저하게 무신론자라고 자처하기는 어려웠을 것이다. 다만 그가 광신적인 종교를 부정하고 종교적 관용을 요구한 것은 계몽주의 정신과 어긋나지 않았다고 말할 수 있다.

6 근로자의 노동환경 개선을 주장한 오언의 이상세계

산업혁명에 따른 영국의 변화

영국의 사회주의 사상가 오언의 영향으로 맑스 이전의 사회주의 사상이 절정에 도달한다. 혁명의 소용돌이가 프랑스를 휩쓸고 있을 무렵 영국에서도 큰 변화가 이루어지고 있었는데 그것은 수공업 생산에서 공장제 생산으로 바뀌는 산업혁명이었다. 명예혁명을 통해 무대에 등장한 영국 부르주아지는 입헌군주의 통치 아래 경제적인 주도권을 잡기 시작했다. 영국에서는 17세기 말에 은행이 설립되어 자본이 집중되고 상업자본과 산업자본이 정치에도 영향력을 행사하기 시작했다. 18세기 중엽 와트^{James Watt, 1736-1819}에 의한 증기기관의 발명은 방직업을 발전시켜 해외시장을 점령했다. 1780년 영국의 강철생산은 아직 프랑스를 따라가지 못했지만 약 반세기 후 영국의 산업생산량은 다른 이웃나라들의 모든 산업생산량을 능가하게 되었다. 영국은 운하, 도로, 철로의 건설에서도 비약적으로 발전했다. 그러나 산업이 발전함에 따라 노동자의 삶은 더 비참해졌다.

철학자로 성장한 오언

오언은 영국 노스웨일즈의 작은 도시 뉴타운에서 유지의 아들로 태어났다. 오언의 아버지는 마구 공, 철물 유통업, 우체국장 등의 직업을 거쳐 나중에는 지역 행정관직을 역임했다. 그는 아들을 5세에 학교에 보냈는데 영민한 오언은 학교에서도 뒤처지지 않았다. 오언은 그의 자서전에서 이렇게 말한다. "그 당시의 소도시 학교에서는 유창하게 읽을 수 있고, 글씨를 바르게 쓰고, 네 가지 연산 규칙을 이해하게 하는 것을 훌륭한 교육으로 여겼다. 교사의 자질은 그런 교육이 가능한지 판단하는 것으로 충분했다. 7세 때 내가 이미 이러한 지식요소를 어느 정도 습득하자 선생님은 나의 아버지에게 나를 자신의 '보조교사'로 쓰게 해달라고 부탁했다."[*] 오언은 어렸을 때부터 책을 좋아해서 여행기, 탐험소설, 위인전 등을 즐겨 읽었다. 그는 10세 때 종교문제에도 관심이 생겼고 여러 종류의 종교서적을 읽은 후 모든 종교에는 어느 정도의 거짓이 있다는 회의를 지니게 되었다.

오언은 일찍부터 독립성을 길렀고 10세에 집을 떠나 스탠퍼드에서 3년 동안 상업도제교육을 받았다. 그 뒤 그는 런던의 한 상점에서 일하게 되었는데 이곳에서 빈민가 노동자들을 알게 되었다. 그는 시간적인 여유가 없었던 이곳 일이 마음에 들지 않아 1년 후에 맨체스터로 옮겨갔다. 오언은 맨체스터에서 기술자 존스[Jones]를 알게 되고 후에 그와 함께 방직공장을 세웠다. 그때 그의 나이는 18세였다. 오언의 사업적 재능을 알아본 큰 상업회사가 그에게 직원 500명이 근

[*] Charles Fourier, *Ökonomische-philosophische Schriften. Eine Textauswahl.* Hrsg. von Lola Zahn, Berlin, 1980, S.42.

무하는 회사의 상업 및 기술 지배인 직을 제안했다. 오언은 이 직무를 훌륭하게 수행한 후 '촐튼 트위스트 컴퍼니'Chorlton Twist Company를 설립해 성공을 거둔다.

오언은 맨체스터에서 사업상의 성공뿐만 아니라 사상적으로도 크게 성장했다. 그는 증기선을 발명한 풀턴Robert Fulton, 1765-1815을 알게 되면서 운하계획에 참여했고 화학자 돌턴John Dalton, 1766-1844과 교류하면서 종교와 도덕에 관한 문제들을 토론했다. 이 시기에 오언은 자연과학 연구에 관심을 갖게 되었고 죽을 때까지 그에 대한 열정을 버리지 않았다. 특히 그 당시에 창립된 '맨체스터 문학·철학 연구회'는 오언의 학문연구가 더 발전하는 발판이 되었다. 오언은 의사, 자연과학자, 사회학자 등이 회원으로 참여한 이 모임에서 얻은 경험을 토대로 자연과학과 철학적인 문제를 연구해 논문을 발표했다. 「지식의 이용」「보편적인 행복과 실천적인 역학의 관계에 대한 고찰」「사회적 덕의 개선과 연관된 생각의 근원」 등이 그것이었다. 오언은 이 논문에서 역학과 화학이 철학에 미치는 영향에 대해 논했는데 친구들은 그에게 '생각하는 기계'reasoning machine라는 별명을 붙여주었다. 또 학회에서는 그를 '화학의 도움으로 인간을 만드는 철학자'*라고 놀리기도 했다. 오언은 로크John Locke, 1632-1704에서 출발한 영국 유물론을 습득했으며 '인간은 자연과 교육의 산물'이라는 원리를 인간관의 기준으로 삼았다. 그는 인간이 자유롭게 발전하고 보다 큰 행복을 누릴 수 있는 사회를 꿈꾸게 되었다.

오언은 사업차 스코틀랜드를 여행하던 도중 뉴래너크라는 작은

* H. Simon, *Robert Owen und der Sozialismus, Aus Owens Schriften ausgewählt und eingeleitet von H. Simon*, Berlin, 1919, S.33.

오언의 초상화.
그는 노동자들의 인권과 노동환경을
개선하기 위해 노력했다.

공장마을을 알게 되었다. 약 5,000명의 주민이 살고 있었던 이곳에 글래스고의 은행장이며 탁월한 사업가 데일[D. Dale]이 방적공장을 건설했다. 오언은 한적한 곳에 자리 잡은 뉴래너크가 마음에 들어 친구들과 함께 이곳의 공장을 구입했다. 그뿐만 아니라 그는 19세인 데일의 딸과 결혼해 7남매를 낳았다. 오언의 자녀들은 모두 건강하게 성장해 훗날 오언의 사업에 큰 도움을 주었다.

근로 환경 개선을 위한 노력

1800년 1월 1일에 오언은 공장의 새로운 운영은 물론 주변의 환경을 변화시키려는 작업을 시작했다. 당시 뉴래너크의 상황은 열악했다. "사람들은 놀고먹거나 가난했으며 온갖 범죄에 빠져들었고 그 때문에 빚과 질병과 비참에 시달리고 있었다."[*] 공장노동자들의 작업조건이나 생활조건도 좋지 않았다. 임금은 적었고 노동시간은 길었으며 6~8세의 어린이들도 하루에 13시간씩 일하고 있었다. 이 모든 것을 바꾸는 일은 결코 쉽지 않았다. 노동자들은 오언을 불신했지만 오언은 낙담하지 않고 노동자들의 생활환경을 체계적으로 개선해갔다.

오언은 12년 후에 「사회에 대한 새로운 견해」[A New View of Society]라는 논문에서 이 시기의 경험을 요약했다. 그는 새로운 기계의 도입을 통한 생산의 합리화뿐만 아니라 노동환경의 개선을 추구했는데 노동시간 단축, 아동 노동 금지, 병자 및 노약자 지원재단 창설 등이 그 대표적인 예다. 그는 주민들의 범죄예방, 알코올중독 치료, 계몽

[*] Ebd., S.43.

등에도 많은 노력을 기울였다. 계몽정신에 따라 종교의 자유가 강조되었고 학교에서는 특정 종교교육이 금지되었다. 도로가 정비되고 노동자들의 주택도 개선되었다. 주민들은 생필품, 연료, 의류 등을 공장에서 저렴한 가격으로 구매할 수 있었다. 공장의 연간 수입이 증가했고 오언은 그 일부를 교육 사업에 투자했다.

사람들이 오언을 신뢰하게 된 것은 6년이 지나서였다. 원료가 부족해 4개월 동안 공장 가동이 정지되었을 때 노동자들이 모은 상호협력기금 덕분에 전 노동자들이 봉급을 받을 수 있게 되자 사람들은 오언을 신뢰하기 시작했다. 1817년 공장의 일부 건물에 화재가 났을 때도 마찬가지였다. 오언은 12년 사이에 뉴래너크를 모범적인 공장마을로 변화시켰다. 그는 「사회에 대한 새로운 견해」를 다음과 같은 말로 끝맺었다. "이러한 상황에서 모두가 예외 없이 이성적이고 착하고 오류를 벗어났다고는 주장할 수 없다. 그러나 나는 사회가 근본적으로 개선되었고 최악의 오류를 털어버렸으며 사소한 오류도 곧 사라질 것이라고 확신한다. 이 공동사회는 전반적으로 근면, 절제, 즐거움, 건강, 행복의 인상을 준다."*

오언은 「경영자에게 보내는 편지」라는 글에서 영국 공장의 경영자들이 공장의 확장과 더불어 인간을 기계나 원료보다도 못한 부차적인 것으로 간주한다고 비판했다. 경영자들의 그런 태도는 도덕적인 측면뿐만 아니라 경제적인 측면에서도 손실을 가져온다. '살아 있는 기계'인 인간에 대한 투자는 죽어 있는 물질에 대한 투자보다도 더 많은 이윤을 창출하기 때문이다. 인간은 때때로 두 배 이상의

* *Der Frühsozialismus. Ausgewählte Quellentexte.*,
Hrsg. von Thilo Ramm, Stuttgart, 1956, S.204.

이윤을 남기기도 한다.

오언의 학교교육

뉴래너크의 계획은 전반적으로 박애주의 정신에서 비롯된 것이었지만 오언은 선의나 이성적인 교육만으로 충분하지 않고 근본적인 사회 환경의 변화가 필요하다는 사실을 지적했다. 오언이 이전의 여러 논문을 묶어 펴낸 『사회에 대한 새로운 견해』에서 이 문제를 많이 다루었다. 곤궁과 비참, 무위도식과 범죄가 생산의 발전과 함께 증가하는데 인간 행위의 동인은 행복추구이기 때문에 행복추구가 가능한 사회 환경을 조성해야 한다. 그것은 무엇보다 모두가 "개인적인 행복은 주변의 행복을 증가시키려는 노력을 통해서만 얻을 수 있다"*는 사실을 의식하게 하는 데 있다. 사회주의 사상가들은 개인의 행복과 공동의 행복이 일치한다는 사실을 강조한다.

오언은 그것을 실현하기 위해 두 가지 방법을 제시한다. 첫 번째는 교육이다. 우리는 교육을 통해 사람들이 공동의 이익에 관심을 갖도록 할 수 있다. 두 번째는 정직한 노동 습관을 길러주는 것이다. 실제로 오언은 교육에 대한 이론을 뉴래너크학교에서 실천했다. 여기서 교육은 비교적 어린 나이부터 시작하며 놀이와 대화를 통한 체험교육을 강조한다. 1816년 1월 1일에 오언은 '성격형성기관'이라는 이름의 학교를 세웠는데 여기에는 어린이들을 위한 오락방, 유희방, 독서방이 마련되었다. 이곳에서는 5세 미만의 아이들을 위한 유아학교, 5세에서 10세까지의 아이들을 위한 주간학교, 10세

* Ebd., S.214.

이상의 아이들을 위한 야간학교로 나누어 세 단계 교육을 실시한다. 야간학교에서는 주간에 노동을 한 청소년들을 위한 교육을 실시한다. 주간학교에서는 복합적인 교육을 실행하며 학생들은 모두 집안일, 수공업, 농업에 대한 일정한 교육을 받는다.

오언을 향한 비판

오언은 『사회에 대한 새로운 견해』에서 국가가 복권 같은 사행성 놀이를 금지하고 실업을 없애야 하며 교회를 개혁해야 한다고 강조했다. 대량실업은 필연적으로 다수의 민중을 기아, 질병, 불행으로 몰아넣으며 각종 범죄의 온상이 된다는 것이다. 국가는 모든 시민에게 일자리를 주고 행복한 삶을 살아갈 수 있도록 하는 많은 수단과 가능성을 지니고 있다. 여기서 오언은 당시 주목을 받았던 멜서스Thomas Malthus, 1766-1834의 '인구론'을 비판했다. 그는 가난과 불행의 원인은 인구증가가 아니라 국가정책이나 자본가들의 욕심에서 비롯되며 그들에게 더 큰 책임이 있다고 말했다. 아무리 인구가 증가한다 해도 올바른 국가정책을 통해 얼마든지 모두가 행복을 누리는 이상적인 사회를 이룰 수 있다는 것이다.

오언은 인구가 증가하면 국가가 황무지를 개간해 새로운 공동 이주촌을 건설하면 된다고 말했다. 그는 가난한 자와 실업자를 없애기 위해서 공동 이주촌뿐만 아니라 점차 모든 사회가 협동조합 형태로 변해야 한다고 주장했다. 여기에는 자본주의의 사회구조를 부정하는 내용도 포함되었다. 특히 오언은 종교, 사유재산, 결혼 형태를 비판해 기득권층의 미움을 샀다. 그는 허무맹랑하고 비합리적인 종교체계를 비판했으며 친절, 자비, 상호존중 등의 원리가 이성적 교육의 결과이기 때문에 교회제도는 필요 없다고 말하기도 했다.

오언은 인도주의를 내세우는 한에서 명예와 부와 호응을 얻었지만 그 한계를 넘어서려 하자 비판과 방해를 받기 시작했다. 오언을 향한 종교계의 비판이 거세졌고 여론도 그에게 등을 돌렸으며 친구들도 그를 떠나갔다. 그의 책은 대중에게 외면당했으며 뉴래너크에서 세운 계획도 실패로 돌아갔다. 그러나 그는 용기를 잃지 않고 미래를 향해 눈을 돌렸다.

오언의 이상세계 뉴하모니

오언은 새로운 정착지를 찾아 1824년 가을에 미국으로 여행을 떠났다. 그는 1825년에 미국의 한 종교단체에게 112.15제곱킬로미터의 땅을 매입해 그곳을 뉴하모니New Harmony라 개명했다. 그는 여기에 새로운 공동체마을을 건설하기로 마음먹었다. 우선 그는 미국 각지를 돌아다니면서 이곳을 소개하는 연설을 했다. 그는 뉴하모니가 모든 사람에게 평화, 행복, 복지의 보금자리가 될 것이라고 선전하며 참여자를 모집했다.

오언은 1825년 4월 25일 한 교회에서 새로 건설될 공동체를 선포하고 과도적 성격을 지닌 이 공동체의 규약을 제시했다. 그는 공동체의 보편적 과제는 세상의 행복을 촉진하는 것이며 공동체의 목적은 전체 구성원들의 성격과 생활조건을 개선하고 공동 관리를 통해 구성원들을 독립적인 공동체의 조합원으로 양성하는 데 있다고 강조했다. 또 그는 조합원들에게 최대의 행복을 약속하고 그 행복이 대를 이어 전수될 것이며, 출신이나 사회적 지위와 무관하게 누구나 조합원이 될 수 있고, 모두가 평등한 권리를 누리게 된다고 설명했다. 물론 과도적인 단계에서는 나이, 능력, 수입 등에서 다소 차이가 나겠지만 그것은 과도적인 단계에서 나타나는 필요악이며 사회적·계급적 불평등은 결코 존재하지 않는다.

이 규약에는 다음과 같은 구성원의 의무와 권리가 명시되어 있다. "모든 구성원은 자발적으로 능력껏 사회복지를 위해 봉사해야 한다. 그들은 자기 직업에 충실하고 직업이 없는 사람은 새로운 기술을 배워야 한다. 각자는 사회정의와 도덕을 준수해야 한다. 약자나 병자는 사회가 책임지고 보호하며 누구나 자신의 신념에 따라 종교를 선택할 수 있다."

오언은 이 공동체의 정원을 500명으로 제한했는데 벌써 공표 첫 달에 신청자가 그 숫자를 넘어섰다. 그러나 참여자는 각양각색의 이질적인 혼합체였다. 숙련공은 116명뿐이었다. 뛰어난 자연연구가, 교육자, 예술가도 있었지만 호기심에 들어온 사람, 부자가 되기 위해 온 사람도 있었다. 처음에 이 공동체의 운영은 순조로웠다. 오언은 영국에서 일처리를 하기 위해 첫해 후반기 동안 자리를 비웠으나 큰 문제가 없었다. 이에 오언은 자신감이 생겨 공동체가 과도기적 단계를 벗어나 평등사회로 진입할 수 있다는 기대를 품게 되었다.

1826년 2월 5일에 '뉴하모니 평등사회'가 설립되었다. 물론 15조항을 포함한 새로운 규약이 결정되었다. 공동체의 최고원리는 다음과 같았다. "성이나 신분의 차별 없이 모든 성인에게 평등한 권리가 부여되고 자신의 신체적·정신적 능력에 따르는 평등한 의무가 주어진다. 재산이 공동화되고, 작업과 삶의 향유에서 종합적인 통일이 이루어진다."* 이전의 규약과 다른 점은 평등의 강조와 재산의 공동화였다. 물론 여기서 말하는 재산은 생산수단과 연관되는 것이었다. 의회를 통한 입법부가 설립되었고 행정부는 농업, 수공업, 문학, 예술, 교육, 가사, 상업 등의 분야를 전담하는 부서로 나뉘었다.

그러나 평등하고 행복한 사회 건설이라는 이상은 곧 무너지고 만다. 1년 뒤에 벌써 실패의 조짐이 나타났으며 1828년에 오언은 자신의 시도가 시기상조였다는 사실을 인정했다. 실패의 가장 큰 원인은 조합원 사이의 불화가 아니라 자본주의 사회가 지니는 일반적인 모순이었다. 오언의 공동체도 그 압력과 제한을 받지 않을 수 없었다.

오언은 낙담하지 않고 미국과 멕시코 경계 지역에 새로운 공동체 사회를 건설하려 했다. 그는 멕시코 대통령에게서 토지를 대여해준다는 허락을 받았으나 허락한 대통령이 얼마 뒤에 실각하고 말았다. 그는 어디엔가 자신의 꿈이 실현될 곳이 있으리라는 확신을 버리지 않았다. 그는 우선 전쟁을 비난하고 평화를 지지하는 운동을 펼쳤다. 그는 군비에 사용되는 비용을 공동체의 건설 같은 평화적인 목적에 사용할 때만 인류의 행복이 가능하다고 외쳤다.

* Ebd., S.193.

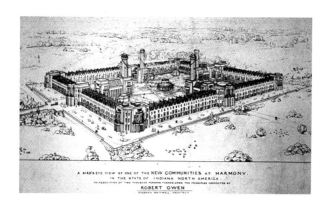

A BIRD'S EYE VIEW OF ONE OF THE NEW COMMUNITIES AT HARMONY.
IN THE STATE OF INDIANA NORTH AMERICA.
AN ASSOCIATION OF TWO THOUSAND PERSONS FORMED UPON THE PRINCIPLES ADVOCATED BY
ROBERT OWEN
STEDMAN WHITWELL, ARCHITECT

오언이 꿈꾼 공동체마을 뉴하모니.
오언은 뉴하모니라는 평등하고 행복한
공동체를 설립하려 했으나 실패했다.

중요한 진리를 일깨워준 오언

오언은 아들 윌리엄과 함께 커다란 꿈을 안고 미국을 찾았지만 5년 뒤에 영국으로 되돌아오고 말았다. 그는 글을 쓰고 강연을 하는 등 곧 다가올 사회적 변화를 예측하며 자신의 이념을 전파하는 데 열중했다. 그는 산업의 발전과 함께 성장하는 노동계급의 역할을 기대하며 이렇게 말했다. "그러나 변화를 일으키기 위해서는 내가 원래 의도했던 것과는 다른 조치를 취해야 한다."* 그는 새로운 조치를 취하기 위해 자본주의의 정치적인 경제학에 대한 연구가 필요하다고 말하며 생산의 집중과 자본의 집중이 가져오는 문제에 대해 연구했다. 그러나 철저하게 과학적 분석을 하는 데까지 나아가지 못했으며 그것을 변화시키는 방법을 혁명이 아닌 개혁에서 찾으려 했다. 그는 당시 영국에서 활발하게 일어나고 있던 차티스트 운동Chartist Movement처럼 노동자 세력과 연대하지 못하고 정부의 이성적인 규제에 호소했다.

오언은 고령의 나이로 고향 뉴타운에서 사망했다. 그는 마지막 침상에서 자신의 묘비명을 생각하며 이렇게 말했다. "나의 생애가 무용한 것은 아니었다. 나는 세상에 중요한 진리를 일깨워주었다. 세상이 그 진리를 주목하지 않은 것은 이해의 부족 때문이었다. 나는 시대를 앞질러 간 것이다."**

* H. Simon, *Robert Owen. Sein Leben und seine Bedeutung für die Gegenwart*, Jena, 1905, S.179.
** Ebd., S.208.

제 2부

인류를 위해 일생을 바친 맑스

7 맑스의 어린 시절

아버지의 영향을 받은 맑스

19세기 후반에 들어서면서 노동자들의 의식이 성장했으며 이들은 확고한 계급의식을 지니고 역사의 무대에 등장했다. 맑스와 엥겔스[Friedrich Engels, 1820-95]가 중심이 되는 과학적 사회주의 철학은 바로 그러한 요구에 상응해 나타났다.

맑스는 독일의 라인주 남부에 위치한 작은 도시 트리어에서 변호사인 아버지와 네덜란드에서 이주해온 유대계통의 어머니 사이에서 태어났다. 그의 아버지는 가족과 함께 개신교로 개종했으며 프로이센을 지지하는 진보적인 성향의 인물이었다. "그는 교양 있고 계몽주의 정신이 투철한 사람이었으며 18세기의 작가와 철학자 볼테르, 루소, 레싱[Gotthold Ephraim Lessing, 1729-81]을 매우 높이 평가했다."[*] 맑스 아버지의 이러한 사상은 자식들의 정신세계에도 영향을 미쳤다. 그는 총명하고 명랑한 아들 맑스가 훗날 인류를 위해서 공헌할 수 있겠다는 기대감을 지녔지만 다른 한편으로 아들의 마음속에서 점점 자라나는 투쟁정신을 발견하고 은근히 불안하기도 했다.

---

[*] Auguste Cornu, *Karl Marx und Friedrich Engels: Leben und Werk: 3. Bände. Erster Band*, Berlin, 1954, S.54. 총 세 권으로 된 이 책에 1846년까지의 맑스와 엥겔스의 생애와 사상이 가장 자세하게 서술되어 있다.

여러 형제 중에서 맑스와 누이 셋만 살아남았다. 맑스의 어머니는 가정에 충실한 평범한 부인이었다. "특별한 재능이 없고 말을 잘하거나 글을 쓰지 못했던 맑스의 어머니는 아들의 정신 형성에 별다른 영향을 미치지 못했다."* 맑스는 어린 시절에 고집이 아주 셌다. 밖에서 아이들과 놀이를 할 때 항상 대장노릇을 했으며 누나들에게도 자기 생각을 강요했다. 흙 묻은 더러운 손으로 밀가루 반죽을 해서 만든 과자를 누나들에게 주어 기어이 먹게 했다. 맑스는 그 보상으로 누나들에게 동화책에서 읽은 재미있는 이야기를 들려주었다.

인류의 행복을 위한 선택

맑스가 트리어 인문고등학교에 입학했을 때 이 학교에는 훌륭한 인문학 교사들이 있었다. 맑스는 그들의 영향을 받아 자유와 진보, 정의와 휴머니즘을 위해 일생을 바치겠다고 결심했고 그 결심은 생애 마지막까지 변하지 않았다. "맑스는 청년 시절의 꿈을 버리지 않고 투쟁적이고 헌신적인 삶 속에서 그것을 실현하려 했던 인류 역사의 위인에 속한다."** 맑스는 고대 그리스어, 라틴어, 프랑스어를 열심히 공부했고 수학도 잘했다. 당시 맑스의 동급생들은 맑스보다 두서너 살 많았지만 절반가량이 졸업시험을 통과하지 못했다. 반면에 맑스는 선생님들에게 장래에 훌륭한 인물이 될 가능성이 있다는 칭찬을 받으며 졸업했다.

맑스가 쓴 졸업논문 「직업 선택에 관한 한 청년의 고찰」은 매우

* Ebd., S.53.
** Martina Thom, *Dr. Karl Marx, Das Werden der neuen Weltanschuung*, Berlin, 1986, S.48.

인상적이었다. 사람들은 누구나 청년 시절에 자신이 어떤 직업을 선택할 것인가라는 문제를 두고 고민한다. 17세의 맑스도 "삶의 의미가 어디에 있는가"라는 물음과 함께 이 문제를 고민했다. 직업 선택은 의미 있는 삶을 사는 데 중요한 역할을 한다. 적성에 맞는 직업은 행복을 가져다주지만 잘못 선택한 직업은 인생을 망가뜨릴 수 있다.

맑스는 논문을 통해 청년들이 직업을 선택할 때 우연에 맡길 것이 아니라 신중하게 선택해야 한다고 강조했다. 선택의 기준은 무엇인가. 직업의 외형이나 소문에만 의존해 순간적인 판단으로 직업을 선택해서는 안 된다. 자신의 적성, 부모님이나 선생님들의 조언 그리고 주어진 조건을 고려해야 한다. 그러나 가장 중요한 것은 자신의 이익보다 인류의 행복에 이바지할 수 있는 직업을 선택하는 일이다. 우리는 맑스의 고등학생 시절 논문에서 인류를 위해 봉사하고 싶은 맑스의 심중을 잘 헤아려볼 수 있다.

사랑에 빠진 맑스

아버지의 소원에 따라 맑스는 본대학에서 법학 공부를 시작했다. 맑스는 대학에 입학해 처음에는 열심히 공부했으나 곧 다른 쪽으로 눈을 돌렸다. 그는 향우회장으로 활동하면서 친구를 사귀었고 지역 시인 모임에 참석해 시를 썼다. 공부는 뒷전이었고 시인이 되고자 했다. 이 사실을 알게 된 그의 아버지는 곧바로 조치를 취해 1836년에 맑스를 베를린대학으로 옮기게 했다. 당시 베를린대학은 학생들

맑스의 사진.
맑스는 공산주의 창시자로
노동의 소외문제에 주목했다.

을 엄격하게 규제하는 학사행정으로 이름나 있었다.

맑스는 베를린으로 떠나기 전에 고향에서 방학을 보냈는데 이때 그의 생애를 결정짓는 중요한 일이 일어났다. 보통 사람들이 정신적으로 가족이나 친지, 학교 선생님의 영향을 받듯 맑스도 이웃에 사는 베스트팔렌 남작의 영향을 많이 받았다. 남작의 딸인 예니[Jenny Von Westphalen, 1814-81]는 맑스의 누나 소피와 친구였고 남작의 아들 에드가는 맑스와 친구였다. 남작은 호메로스[Homeros, BC.800?-BC.750]와 셰익스피어를 좋아했고 생시몽의 책들을 읽었으며 낭만주의에도 관심이 많은 교양인이었다. 그는 재능이 많은 맑스에게도 관심을 갖고 고대와 낭만주의 정신을 소개해주었다.

맑스는 남작 집에 드나들면서 네 살 연상인 예니를 흠모하게 되었다. 예니는 아름답고 똑똑한 처녀여서 그녀를 좋아하는 부잣집 청년이 많았다. 맑스가 고향에서 머무는 동안 예니와 사랑이 싹텄다. 18세의 맑스는 용기를 내어 예니에게 청혼했고 무엇보다도 맑스의 인간성을 높이 평가한 예니는 그의 사랑을 받아들였다. 둘은 행복했지만 주변 사람들이 둘의 관계를 반대할까봐 걱정했다. 특히 예니의 이복 오빠인 페르디난트는 매우 보수적인 사람으로 트리어 행정부의 참사관이 되었는데 맑스를 좋아하지 않았다. 결국 맑스와 예니는 맑스의 아버지에게만 알리고 비밀리에 약혼했다.

맑스는 약혼을 하고 베를린으로 떠나면서 사랑의 시 세 편을 예니에게 보냈다. 예니는 그 시를 읽고 감동했지만 불안하기도 했다. 어린 맑스의 사랑이 영원히 지속되리라는 보장이 없었고 가족들이 결혼을 반대할지도 모른다는 생각이 들었기 때문이다. 맑스는 불안해하는 예니의 편지와 학업을 촉구하는 아버지의 편지를 받고 새로운 결심을 하지 않을 수 없었다. 그는 안정된 직업을 얻기 위해 법학공부에 전념했다.

헤겔 철학을 접한 맑스

당시 베를린대학 법학부에는 두 교수가 법 이론을 둘러싸고 대립하는 상태에 있었다. 법의 근원이 역사적인 발전 규범에 있다고 주장하는 역사학파 사비니Friedrich Karl von Savigny, 1779-1861 와 선험적인 이성에 있다고 주장하는 간스Eduard Gans, 1797-1839 였다. 맑스는 헤겔 철학에 의존하는 진보적인 간스의 강의가 마음에 들었지만 이 문제를 스스로 규명해보려 했다. 그는 그것을 위해 철학공부가 필요하다는 것을 깨닫고 헤겔 철학을 열심히 공부했다. 너무 열심히 공부한 탓에 맑스는 건강이 나빠져 폐결핵 증상이 나타났다. 그는 당분간 베를린 가까이에 있는 시골 스트라로브에서 요양을 하지 않으면 안 되었다. 그 때문에 병역이 면제되었다.

맑스가 헤겔Georg Wilhelm Friedrich Hegel, 1770-1831 에 심취하던 1837년은 이미 헤겔이 사망한 지 6년이 지난 시기였지만 헤겔 철학이 아직도 독일 대학을 지배하고 있었다. 맑스는 병을 회복하고 베를린으로 돌아온 뒤에도 계속 헤겔 철학과 씨름했다. "그를 열광시킨 것은 무엇보다도 위대한 철학자 헤겔이 역사발전의 변증법적 고찰에서 표현한 엄청난 역사적 감각과 인식방법으로서 발전시킨 변증법의 심오성이었다."*

1839년 5월 10일 맑스의 아버지가 노환으로 사망했다. 맑스는 자기를 이해해주던 아버지의 죽음으로 슬픔에 빠졌다. 그의 어머니를 비롯한 가족들은 맑스가 빨리 법학 공부를 마치고 가정을 이끄는 주춧돌이 되기를 바랐다. 그러나 맑스는 철학 공부를 포기할 수 없었고 결국 가족이 바라는 것과 다른 길을 걷게 되었다. 그 일로 그의 어머니와 사이가 좋지 않았다. 그의 어머니는 그에게 유산을 물려주지 않겠다고 했다. 맑스는 결혼도 미루고 다시 베를린으로 돌아왔다. 그는 개인이나 가족보다 인류를 위해 공헌하고 싶었다.

청년헤겔파 활동과 정부의 탄압

당시 베를린에서는 헤겔 철학의 해석을 둘러싸고 헤겔의 제자들 사이에서 의견이 양분되었다. 절대정신을 전제로 하는 헤겔 철학을 전통적인 기독교 이념과 일치시켜 해석하려는 보수적인 의견과 그것을 부정하고 헤겔 철학의 진수를 변증법에서 찾으며 그것을 사회혁명에 적용하려는 진보적인 의견이었다. 전자는 헤겔우파 또는 정통헤겔파로, 후자는 젊은 층이 중심이 되는 헤겔좌파 또는 청년헤겔파로 불렸다. '청년'이라는 이름은 미래를 내다보는 진보적인 태도를 의미했다.

독일 시인 하이네Heinrich Heine, 1797-1856가 중심이 된 '청년독일파'는 이미 독일의 진부한 사회를 비판하고 정치적 변화를 촉구하는 진보적인 문학 성향을 드러낸 바 있다. 청년헤겔파들은 '박사클럽'

* Ebd., S.64.

이라는 모임을 만들어 당시의 철학·종교·정치에 대해 토론했다. 대표적인 인물은 대학에서 강의를 하던 바우어[Bruno Bauer, 1809-82], 루게[Arnold Ruge, 1802-80], 헤스[Moses Hess, 1812-75] 등이었는데 여기에 맑스도 참여했다. 그들은 우선 헤겔 철학을 기반으로 종교비판에 주력했다. 그들은 정부당국의 직접적인 탄압을 피하기 위해 프로이센의 군주제를 이념적으로 지탱해주고 있던 종교를 비판했고 이로써 민주국가가 세워질 수 있다고 생각했다.

청년헤겔파는 기독교의 신은 헤겔이 말하는 절대정신과 부합하지 않는다고 생각했다. 인간의 모습을 지닌 신, 마리아의 잉태, 죽음, 부활 등은 물질적인 요소가 포함되어 있어 순수한 정신이 아니기 때문이다. 청년헤겔파는 기독교의 계시나 기적은 물론 예수의 존재도 사실이 아니고 신화나 전설 또는 지어낸 이야기에 불과하다고 주장했다. 종교비판과 함께 청년헤겔파는 차츰 정치비판으로 나아갔고 그 낌새를 알아차린 헤겔우파는 헤겔좌파를 비난했고 정부당국도 청년헤겔파를 탄압하기 시작했다.

데모크리토스와 에피쿠로스 철학의 차이

맑스는 헤겔좌파와 교류하면서 철학적인 지식을 얻었다. 1838년 말에 맑스는 친구 바우어의 권유에 따라 철학박사 학위를 받고 교수가 되기로 결심했다. 맑스는 헤겔의 역사철학 강의와 포이어바흐[Ludwig Andreas Feuerbach, 1804-72]의 근세 철학사의 도움을 받아 아리스토텔레스, 스피노자[Baruch de Spinoza, 1632-77], 라이프니츠[Gottfried

Wilhelm von Leibniz, 1646-1716 등을 연구했다. 그가 철학박사 학위를 받기 위해 1841년 4월 6일에 예나대학 철학부에 제출한 논문의 제목은 「데모크리토스와 에피쿠로스의 자연철학의 차이」*Differenz der demokritischen und epikureischen Naturphilosophie*였다. 그가 예나대학을 택한 이유는 베를린대학에서는 정치적인 영향으로 논문 통과가 쉽지 않다고 생각했기 때문이다. 논문은 곧 통과되어 그는 4월 15일에 철학박사 학위를 받았다.

고대 그리스의 대표적인 유물론 철학자 데모크리토스Democritos, BC.460?-BC.370?는 모든 것이 원자운동으로 결정되기 때문에 우연이나 자유가 있을 수 없다고 주장했다. 반면 로마 초기 철학자 에피쿠로스Epikuros, BC.341-BC.270는 원자운동의 편차를 인정하면서 우연과 자유의 가능성을 시인했다. 맑스는 이 내용을 중심으로 구체적인 자유가 무엇인지를 제시하려 했다. 그는 데모크리토스와 에피쿠로스 철학의 차이는 두 철학자의 성격에서 나온 것이 아니라 시대적인 배경의 반영이라고 해석했다. 그리스 문화가 번영하던 시절에 살았던 데모크리토스는 개인의 자유보다 사회적인 질서를 존중한 반면 와해의 시기에 살았던 에피쿠로스는 개인의 독립성과 자유를 강조할 필요가 있었다는 것이다. 인간이 현실을 변화시킬 수 있는 자유롭고 의식적인 존재라는 것을 제시한 이 논문은 이후 맑스의 모든 철학을 관통하는 근본원리가 되었다.

8 맑스의 망명생활과 노동의 소외문제

『라인 신문』을 통해 정부를 비판한 맑스

맑스는 대학을 졸업한 후 대학에서 철학을 강의하고 싶어 했다. 그는 교수가 될 자격이 충분했다. 헤스는 한 친구에게 보낸 1841년 9월 2일자 편지에 다음과 같이 썼다. "맑스 박사는 나의 우상이다. 기껏해야 24세 정도인 이 젊은 친구는 중세 종교와 정치에 마지막 일격을 가할 것이다. 그에게는 심오한 철학적 신중성이 날카로운 기지와 결부되어 있다. 루소, 볼테르, 돌바크, 레싱, 하이네, 헤겔이 통합되어 있는 한 사람을 상상해보라. 그가 바로 맑스 박사다."* 본대학에서 강의를 하던 바우어는 맑스를 같은 대학 철학과 강사로 추천하려 했다. 그러나 반동정부의 탄압이 강화되어 청년헤겔파는 정부의 주목을 받았고 강의를 하던 바우어도 대학에서 쫓겨났다. 바우어뿐만 아니라 포이어바흐, 슈트라우스David Friedrich Strauss, 1808-74, 루텐베르크Adolf Friedrich Rutenberg, 1808-69 등도 더 이상 대학 강단에 이름을 올릴 수 없었다. 이들은 대학 강단에서가 아니라 저술이나 신문을 통해 자신들의 이념을 추구할 수 있는 길을 찾기 시작했다.

* Ebd , S.166.

맑스도 대학 강사직을 포기하고 1842년 초 쾰른에 있는 진보적인 부르주아 계통 신문인『라인 신문』에 입사해 10월부터 편집장을 맡았다. 그는 이 신문에 정부의 비민주적인 조치, 특히 신문검열정책을 비판하는 글이나 청년헤겔파의 입장에서 종교를 비판하는 글을 써 인기를 얻었다. 맑스의 이런 노력 덕분에『라인 신문』의 구독자가 3,000여 명으로 늘어났다.

맑스는 점점 청년헤겔파의 입장을 벗어나 철학이 사회문제와 직결되어야 한다는 자신의 신념을 굳혀갔다. 철학은 원래 비판적인 학문이므로 사회문제와 연관되는 경우에는 현사회의 모순을 비판하고 좀더 나은 사회 이념을 제공해야 한다. 그것은 종교비판에서도 예외가 아니다. 맑스는 청년헤겔파의 입장을 넘어서서 종교의 근원과 그 극복방법을 단순한 이론에서 찾지 않고 사회적 조건과 연관시키려 했다. "맑스는 추상적—계몽적이고 추상적—무신론적인 청년헤겔파의 입장과 달리 종교를 극복할 수 있는 유일한 역사적 방법에 대한 깊은 이해를 보여주었다. 다시 말해 종교가 소외된 세계의 소외된 의식이라면 그것은 실제로 계몽과 무신론적인 선전을 통해서가 아니라 그 지상적 근거인 소외된 세계 자체의 변혁을 통해서 극복되어야 한다는 것이다."[*]

각국에서 논쟁이 된 사회주의와 공산주의 문제

사회주의와 공산주의 문제는 프랑스와 영국뿐만 아니라 독일에서도 큰 논쟁의 대상이었다. 당시 파리에 머물고 있던 독일 시인 하

[*] Ebd., S.181.

이네는 독일 신문에 게재한 통신문을 통해 자본주의가 발전한 프랑스 사회에서 노동자와 빈민층이 겪고 있는 참상을 전하고 그에 대해 비판했다. 독일에서는 바이틀링Wilhelm Christian Weitling, 1808-71이 '공상적 노동자공산주의' 이념을 제시했으며 슈타인Lorenz von Stein, 1815-90은 『오늘날 프랑스에서의 사회주의와 공산주의』Der Sozialismus und Communismus des heutigen Frankreichs라는 책을 발간했고 그것을 계기로 프루동Pierre-Joseph Proudhon, 1809-65의 『소유란 무엇인가』Qu'est ce que la Propriété?에 대한 논쟁이 일어났다.

맑스는 이 문제에 눈을 돌리면서 단순히 그것을 소개하는 데 그치지 않고 사회주의 문제의 본질이 무엇인지를 포괄적으로, 즉 철학적으로 연구하기 시작했다. 그는 우선 독일민중의 생활 상태를 살펴보기로 했다. 당시 라인주 의회에서는 목재 채취 방지법이 논의되고 있었다. 가난한 농민들이 지주의 숲에 들어가 땔감으로 쓰러진 나뭇가지를 긁어모았는데 그것을 사유재산을 침해하는 절도죄로 규정하는 법령이었다. 맑스는 「나무 절도죄에 대한 논쟁」이라는 기사를 써 이 법령의 부당함을 강력히 주장했다.

루소는 『인간 불평등 기원론』에서 공기나 물처럼 모두의 공유물인 토지에 누군가가 울타리를 치고 "이것은 내 것이다"라고 주장하면서 소유개념이 생겼고 이것에서 인류의 불행이 시작되었다는 이념을 제시했다. 맑스도 이에 동의하면서 인간의 생존문제가 달린 나무 채취는 관습법에 의한 자연법에 해당한다고 말했다. 그는 또 "재산은 장물이다"라는 프루동의 말을 인용하면서 산림은 노동을 통해 얻은 재산이 아니라 인간이 강탈한 것이라고 주장했다. 그는 나무를 채취하는 민중에게 절도죄를 뒤집어씌우는 것은 자연법 개념에 어긋나며 오히려 지주들에게 자연의 절도죄를 물어야 한다고 말했다.

맑스의 이러한 주장은 지주들이나 사유재산의 신성함을 강조하는 부르주아지의 비판을 받았고 그는 정부의 탄압대상이 되었다. 그러나 맑스는 계속해서 모젤포도 재배농민들의 권리를 옹호하며 노동자 민중의 변호사로 나섰다. 맑스는 당시 프로이센 국가를 발전가능성이 없는 비이성적인 정부라고 비판했다. 이에 당황한 프로이센 정부는 1843년에 비밀고문이었던 에서^{Christian Joseph Esser}를 통해 맑스에게 고위관리직을 맡아달라고 제안했다. 맑스는 그 제안을 단번에 거절했다. 그는 이미 삶의 보람을 자신이나 가족의 안위와 기쁨이 아니라 고통받는 인류를 위해서 봉사하고 투쟁하기로 결심했기 때문이다.

「라인 신문」 폐간

결국 프로이센 정부는 『라인 신문』을 4월 1일자로 폐간하겠다고 통보했다. 맑스는 이러한 조치가 보편적인 이성에 부합하지 않는다고 반박했고 진보적인 시민들은 그에게 동조했다. 조치의 해제를 촉구하는 2,000여 명의 시민들이 정부에 청원서를 보냈으며 가난한 모젤포도 농민 52명이 『라인 신문』을 지지한다는 항의시위를 했다. 그러나 30명의 부유한 지주들과 보수적인 시민들은 『라인 신문』이 종교를 비판하며 사회의 안정을 해친다는 이유로 정부의 조치를 지지했고 맑스는 3월 18일에 신문사 편집장직에서 사퇴했다. 자신이 신문사를 떠나면 신문을 계속 발행할 수 있을 것이라고 생각했기 때문이다. 그러나 신문은 결국 폐간되었고 마지막호 신문에는 독자에게 보내는 시가 실렸다. 그 시는 "모든 것이 부서져도 용기는 결코 손상되지 않는다"는 구절로 끝을 맺었다.

『라인 신문』이 폐간의 위협을 받자 맑스가 족쇄에 묶여서 독수리에게 간을 쪼아 먹히는 삽화가 다른 신문에 실렸다. 그리스 신화에 나오는 프로메테우스는 신의 불을 훔쳐 인간에게 전해주고 자기 힘으로 살아가는 법을 가르쳐준 거인이다. 프로메테우스는 신의 명령을 거역한 대가로 제우스에게 벌을 받았는데 바위산에 묶여 독수리에게 간을 쪼아 먹히는 잔인한 형벌이었다. 맑스는 정부의 탄압에 굴복하지 않고 언론의 자유와 민중의 이익을 위해 투쟁했으며 그 후에도 인류에게 스스로의 힘으로 역사를 만들어가는 주인이 될 것을 역설했다. 맑스를 프로메테우스에 비유한 삽화는 매우 적절했다. 그는 박사학위 논문 서두에서 이미 자신의 운명을 암시하는 다음과 같은 구절을 그리스 비극 작가 아이스킬로스^{Aeschylos, BC.525?-BC.456}의 『포박된 프로메테우스』^{Promētheus Desmōtēs}에서 인용하여 붙여 놓았다.

"나는 나의 비참한 운명을
부역과 바꾸지 않으리라
분명히 들어라, 결코 바꾸지 않으리라!

바위에 묶여 고통받는 것이

충직한 하인으로 제우스에게 봉사하는 것보다

훨씬 더 아름답지 않은가."

크로이츠나흐에서

신문사를 떠난 맑스는 우선 네덜란드로 가서 친척들을 만난 후 크로이츠나흐로 향했다. 그 사이에 예니의 아버지는 돌아가시고 예니는 어머니와 함께 크로이츠나흐에서 살고 있었다. 두 사람이 비밀리에 약혼한 지 7년의 세월이 흘렀다. 물론 그 사이에 두 사람은 수차례 사랑의 편지를 교환했지만 어려움도 많았다. 그러나 둘은 확고한 사랑 속에서 항상 하나처럼 살고 있었다. 프로이센의 반동 정부는 오히려 이들을 결합시키는 역할을 했다. 맑스는 6월 12일에 크로이츠나흐에서 예니와 결혼식을 올렸다. 그는 신혼여행을 하면서도 학술연구를 중단하지 않았다. 특히 이 시절에 그는 역사공부에 집중했다. 그는 철학과 함께 역사학을 공부했으며 참된 철학은 논리적인 구성이 아니라 구체적인 역사와 관계된다는 사실을 깨달았다.

보통 '크로이츠나흐 노트'라 불리는 이 시기의 기록에서 맑스는 프랑스 역사를 분석하면서 루소의 『인간 불평등 기원론』과 『사회계약론』*Du Contrat Social*을 섭렵했다. 이때의 공부는 훗날 맑스의 철학에 매우 중요한 토대가 되었다. 그 무렵 맑스의 친구 루게는 그에게 좀 더 자유로운 곳으로 가서 잡지나 신문을 발행하자고 권고했다. 맑스는 예니와 함께 독일을 떠나 1843년 10월 말 파리에 도착했다.

파리로 간 맑스

파리에 도착한 맑스 부부는 센강 바깥쪽에 있는 바노가 38번지에 거처를 잡았다. 파리 생활은 시골에서만 생활했던 예니에게 즐거움과 활력을 주었다. 예니는 맑스의 영향을 받아 진보적인 성향을 굳혀갔으며 남편의 신념을 절대적으로 신뢰했고 남편이 물질적·정신적 어려움에 빠지면 항상 용기를 북돋아주는 일생의 반려자가 되었다. 물론 그 때문에 그녀의 어머니를 비롯한 친정 가족들과 충돌하는 경우가 있었지만 예니는 과감하게 맑스 편을 들었다.

1844년 5월 1일 맑스와 예니 사이에서 첫딸이 태어났고 맑스는 아내의 이름을 본따 딸을 예니$^{Jenny\ Carotine,\ 1844-83}$라 불렀다. 루게와 함께 계획했던 『독불연보』$^{Deutsch-Französiche\ Jahrbücher}$의 발행은 처음에 순조롭게 진행되었다. 루게가 출판 자금을 내놓았고 프랑스와 독일의 정치적 결속을 시도하려는 이 잡지에 성원을 보내는 사람이 많았다. 당시 파리에는 약 8만 5,000명의 독일인이 살고 있어 전망이 밝았고 프랑스의 진보적인 지식인들도 잡지 발간에 관심을 보였다. 맑스는 『독불연보』가 이론에서 앞서 있는 독일과 실천에서 앞서 있는 프랑스의 적절한 조합이라고 생각했다. 그러나 이 잡지는 당국의 탄압과 두 사람 사이의 의견 차이로 두 권을 동시에 출간한 후 발행을 중단했다.

혁명시인 하이네와 교류한 맑스

맑스는 『독불연보』에 프로이센의 낙후된 정책을 비판하는 글을 두 편 발표했다. 「헤겔 법철학 비판 서설」*Zur Kritik der Hegelschen Rechtsphilosophie. Einleitung*과 「유대인 문제에 대하여」*Zur Judenfrage*다. 이 글에서 맑스는 이미 과학적 사회주의 이념을 생각했고 프로이센 반동정부뿐만 아니라 많은 모순을 지니고 있는 자본주의도 비판했다. 파리에 머무는 동안 맑스는 진보적인 인사들과 교류하며 두 친구를 얻는 기쁨을 누렸는데 독일 시인 하이네와 철학자 엥겔스였다.

하이네는 청년 시절에 감미로운 낭만시를 썼으나 점차 사회문제에 눈을 돌린 혁명시인이었다. 그는 1830년에 프랑스에서 노동자들이 혁명을 일으키자 1831년에 독일의 침체와 억압을 벗어나 자유롭게 이념을 표현할 수 있는 파리로 이주했다. 하이네는 독일 고전철학이 프랑스혁명의 이론적인 표현이라고 선언하며 독일에서도 시민혁명이 일어날 것을 기대했다. 그는 프랑스에서 생시몽, 푸리에 등 공상적 사회주의자들의 이념을 습득했으며 민중의 자유가 정치적 변화만이 아닌 사회적 변화, 다시 말해 경제적인 변화를 통해 이루어질 수 있다고 생각했다. 그는 기대했던 프랑스혁명의 열매를 민중이 아니라 부르주아지가 거두어들이면서 민중은 계속 고통 속에 살고 있다는 것을 직접 목격했다. 그는 혁명을 통한 민중의 지배가 사회적 혼란을 야기하고 문화를 파괴할 수 있다고 우려했지만 민주주의와 평등을 염원하고 독일의 후진 상태를 비판하는 시를 창작해 독일인들에게 많은 영향을 주었다. 그 때문에 프로이센 정부는 그의 저술을 금지시켰다. 하이네는 이에 굴하지 않고 계속해서 그에 맞서 싸우겠다고 선언했다.

루게는 46세의 하이네에게 26세의 맑스를 소개해주었는데 둘은 나이 차가 나는데도 친구처럼 친해졌다. 맑스는 사회변혁보다 이념의 변화를 더 중시하는 루게와 멀어지고 하이네와 더욱 가까워졌다. 이 시기에 하이네는 거의 매일 맑스의 집에 들러 자기 시를 낭독했고 맑스와 예니는 하이네에게 시에 대한 소감을 말해주어 시를 수정하는 데 도움을 주었다. 하이네도 이들에게 도움을 준 적이 있었다. "거의 매일 맑스의 집에 머물던 하이네는 어느 날 맑스와 그의 부인이 태어난 지 몇 달 안 된 딸 예니 옆에서 절망하며 서 있는 것을 보았다. 예니는 심한 경련을 일으키고 있었다. 맑스 부부와 가정부 헬레네는 어쩔 줄 몰라 했다. 하이네가 냉정하게 대처했다. 그는 '아이를 목욕시켜야 한다'고 말하며 재빨리 물을 준비하고 그 안에 아이를 집어넣었다. 이렇게 해서 하이네는 아이의 목숨을 구했다."*

맑스의 영향을 받은 하이네

맑스는 『라인 신문』을 떠날 때부터 헤겔 철학을 열심히 연구했고 포이어바흐의 영향을 받으면서 유물론적 세계관에 관심을 가졌다. 동시에 그는 포이어바흐의 유물론이 인간과 자연의 관계에만 집중되어 있고 역사와 사회문제에 소홀하다는 것을 깨달았다. 그는 역사와 사회를 과학적으로 연구하려 했으며 그것을 위해 가장 중요한 것이 경제문제라는 것을 인식했다.

* Auguste Cornu, *Karl Marx und Friedrich Engels: Leben und Werk: 3. Bände.* Zweiter Band, Berlin, 1962, S.50.

맑스의 영향을 받은 하이네는 이 시기에 훌륭한 정치시를 창작했는데 그 대표적인 작품이 「독일, 겨울동화」^{Deutschland, Ein Wintermärchen}라는 제목의 장편서사시였다. 하이네는 이 시에서 1843년 방문했던 독일의 정치 상황을 풍자적으로 묘사했다. 이 서사시는 당시의 경향시들이 내세우는 겉치레식 자유정신에 대항해 진정한 혁명정신을 일깨우는 사회주의적 내용을 담고 있었다. 하이네는 종교와 폭압으로 유지되고 있는 프로이센의 군국주의를 겨울동화에 비유했다. 하이네는 맑스의 영향으로 이전의 망설임을 깨끗이 씻어버리고 민중의 힘을 통해 사회변혁의 미래를 내다보았다. 그러나 이때 병마가 하이네를 덮쳤다. 그는 프랑스에서 만나 결혼한 부인의 헌신적인 간호에도 10여 년 동안 병상에 누워 새로운 시대가 다가오기를 염원하다 세상을 떠났다. 병으로 마음이 약해진 하이네는 사상적으로 후퇴하고 개인적인 문제로 맑스를 비난하기도 했지만 맑스는 관용을 보이며 끝까지 하이네를 옹호했다.

과학적 철학을 창조하기 위한 노력

엥겔스는 1842년 말에 『라인 신문』 편집실로 맑스를 찾아가 만난 적이 있다. 당시 맑스는 엥겔스에게 매우 냉담했다. 엥겔스가 청년헤겔파를 계승한 베를린의 '자유파'와 아직 인연을 맺고 있었지만 맑스는 이들과 결별하고 이들의 지식인 중심의 정치이념을 비판하고 있었기 때문이다. 다만 그때 엥겔스가 영국으로 가는 도중이었으므로 맑스는 영국 노동자들의 상황을 정리해 『라인 신문』에 게

하이네의 초상화.
하이네는 맑스의 영향을 받아 정치시를 창작했다.

재해달라고 부탁했다. 엥겔스는 일종의 특파원 역할을 하게 되었다. 엥겔스는 2년 반 남짓 영국에 머물면서 영국의 노동운동, 특히 차티스트 운동에 대한 소식을 『라인 신문』에 몇 차례 게재했다. 그 후 엥겔스는 1844년 8월 말에 영국을 떠나 고향으로 가는 도중에 파리에 머물고 있는 맑스를 방문했다. 엥겔스는 맑스가 참여하던 잡지 『독불연보』에 「영국의 처지」와 「국민경제학 비판 개요」Umrisse zu einer Kritik der Nationalökonomie라는 글을 실었으며 당시 파리에서 발행되던 신문 『전진』에도 참여했다.

독일 이주민들의 신문 『전진』은 원래 상업적인 목적으로 주 2회 발간되었는데 맑스의 참여로 진보적인 성향을 띠게 되었다. 이 신문에 영국 노동자들의 처지에 관한 기사를 실은 적이 있었던 엥겔스는 파리에 들러 진보적인 인사들을 만나보고 싶었다. 이렇게 해서 맑스와 엥겔스의 두 번째 만남이 이루어졌다. 이 당시에 맑스의 부인 예니는 친지들을 방문하기 위해 고향으로 여행을 떠나고 없었다. 엥겔스가 파리에 머무는 10여 일 동안 맑스와 엥겔스 사이에 우정이 싹텄다.

맑스와 엥겔스의 우정에는 무엇보다도 이들의 세계관이 자리 잡고 있었다. 모순으로 가득 찬 당시 사회를 변화시킬 수 있는 혁명적 이론과 실천이 필요하다는 점에서 이들의 의견은 완전히 일치했다. 물론 그들이 동일한 능력과 소양, 지식을 갖춘 것은 아니었지만 그들은 서로의 부족한 점을 보완해줄 수 있다고 확신했다. 경제문제에서는 엥겔스의 체험과 연구가, 철학문제에서는 맑스가 도움을 줄 수 있었다.

맑스와 엥겔스는 당시 곳곳에서 머리를 내밀기 시작한 노동계급이 그 과제와 임무를 실천하는 데 필요한 이론이 아직 없다는 것을 깨닫고 둘이 힘을 합해 노동자 중심의 사회혁명을 이끌어갈 과학적인 철학을 창조하는 데 전념하기로 했다. 그들은 먼저 개인주의로 기울어지면서 반동의 물결에 휩쓸리고 있는 청년헤겔파들의 오류를 시정하는 일이 가장 시급한 문제라는 결론에 도달했다. 그들은 바우어가 중심이 되는 청년헤겔파들을 비판하는 공동저술을 계획했다. 그것이 바로 『신성가족』^{Die heilige Familie}이다.

『경제학-철학수고』에 나타난 노동의 소외

1932년에 소련의 '맑스·엥겔스 연구소'는 맑스의 초기 원고들을 찾아 출간했다. 그 대표적인 작품이 원고가 씌어진 후 88년의 세월이 흐른 뒤에 빛을 본 『경제학-철학수고』^{Ökonomisch-philosophische Manuskripte}다. 일반적으로 『경철수고』 또는 『파리수고』라고 알려진 이 책은 맑스연구가들 사이에 많은 논쟁을 일으켰다. 이 책의 핵심 주제는 헤겔의 변증법과 함께 소외^{Entfremdung}의 문제였다.

『경제학-철학수고』는 총 3편의 수고로 구성되어 있는데 제1수고는 자본과 소외된 노동의 문제, 제2수고는 사유재산의 문제, 제3수고는 공산주의와 헤겔의 변증법문제를 다루었으며 여기에 부록으로 밀^{James Mill, 1773-1836}의 어구에 대한 주해가 실려 있다. 이 책은 맑스가 이전의 철학문제를 포괄적으로 정리하면서 새로운 세계관으로 나아가려는 과도적인 성격을 지니고 있다. 그러므로 단편적인 기술이 많고 확고하게 정리된 개념 대신 종래의 개념이 사용되었다. 부르주아 맑스연구가들은 이 책을 '맑스주의의 계시'라고 부르며 환호했다. 초기 저술인 이 책에는 맑스의 참된 휴머니즘이 담겨 있는데 그들은 후기에서 그것이 변질되었다고 주장했다. 또 이 책이 맑스주의와 실존주의를 연결시켜주는 다리가 된다는 주장도 나왔다. 그들은 이 책에서 맑스의 입을 통해 맑스주의를 비판할 수 있는 무기를 발견했다고 착각했다.

맑스의 전 저술을 종합해보면 이러한 주장은 근거가 없다. 맑스는 『경제학-철학수고』에서 제목이 암시하는 것처럼 경제적인 문제를 많이 다루고 있으며 이 책은 그가 일생 동안 심혈을 기울여 저술한 『자본론』 *Das Kapital: Kritik der politischen Ökonomie* 의 출발점이 되었다. 그가 여기서 다룬 노동의 소외문제는 자본주의 사회의 경제구조에서 나타나는 모순의 한 측면을 밝히는 데 중요한 역할을 한다. 노동의 소외는 자본의 독점과 경쟁원리에서 비롯되며 결국 사유재산이 소멸되는 사회에서만 이러한 소외를 극복할 수 있다는 것이 맑스의 주안점이었다. 맑스를 비판하는 사람들은 맑스주의 철학에서 가장 중요한 역할을 하는 계급투쟁론과 혁명이론을 제거하기 위해 맑스의 초기 저술들을 이용했다. 그들은 그것을 '맑스의 정화'라고 말하지만 그것은 정화가 아니라 왜곡이었다.

9 노동자들을 위한 『공산당 선언』과 『자본론』

프랑스에서 추방당한 맑스

맑스는 『독불연보』에 게재한 그의 두 논문 「헤겔 법철학 비판 서설」과 「유대인 문제에 대하여」를 통해 부르주아 민주주의를 넘어서 사유재산이 폐지되는 과학적 사회주의를 건설해야 하는 필연성을 제시한다. 맑스는 헤겔의 국가론을 비판하면서 국가권력의 기초는 민중에게 있다고 주장했다. 또한 그는 바우어가 『독불연보』에 게재한 「유대인 문제」*Die Judenfrage*를 비판했다. 바우어는 기독교국가에서 차별 대우를 받고 있는 유대인들이 유대교에서 해방되고 무신론자가 될 때에만 정치적으로 해방될 수 있다고 주장했다. 이에 대해 맑스는 정치적 해방을 위해서는 종교적 해방만이 아니라 인류 전체의 해방이 중요하고 그것을 실현하려면 인간을 소외시키고 속박하는 사유재산을 폐지해야 한다고 강조했다. 그 때문에 독일정부는 맑스에게 불만을 품었고 프랑스정부를 충동하여 맑스에게 추방명령을 내리게 했다. 프랑스에서 추방당한 맑스는 1845년 2월 초에 프랑스를 떠나 벨기에의 수도 브뤼셀에 도착했다.

노동자들의 성서 「공산당 선언」

맑스는 프랑스를 떠나면서 『독불연보』에 「루트비히 왕의 송가」라는 풍자적인 시를 발표한 하이네를 잊지 못해 그를 가방 속에 넣어가고 싶다는 말까지 했다. 2월 초에 브뤼셀에 도착한 맑스는 체류허가를 받기 위해 동분서주했다. 그러나 벨기에 정부는 맑스에게 정치문제를 거론하지 않겠다는 서약을 받은 후 3월 말이 되어서야 체류허가를 내주었다. 그 사이에 프로이센 정부는 맑스의 국적을 박탈했다. 맑스는 엥겔스를 비롯한 친구들의 도움과 출간을 준비하고 있었던 『정치와 국민경제 비판』의 인세를 선불로 받아 작은 거처를 마련했다. 맑스 부부는 브뤼셀에서 검소하면서도 행복한 신혼생활을 누렸다. 브뤼셀에서 맑스의 둘째 딸 라우라^{Laura, 1844-1911}와 귀염둥이 첫 아들 에드가^{Edgar, 1847-55}가 태어났다.

맑스는 브뤼셀에 머무는 동안 엥겔스와 함께 『신성가족』 『독일 이데올로기』^{Die Deutsche Ideologie, 1846} 저술에 전념했고 출판사의 해약으로 『정치와 국민경제 비판』 저술을 포기했다. 그는 글을 쓰면서 각국에서 망명해온 혁명가들과 사귀었다. 당시 브뤼셀은 파리처럼 노동운동과 사회혁명을 지지하는 망명가들이 모이는 장소였다. 그 가운데 프롤레타리아나 공산주의를 반대하는 소시민적이고 유토피아적인 성격을 지닌 사람도 많았다.

맑스와 엥겔스는 이들을 포괄하는 국제적인 노동자 조직을 설립하려 했고 그것을 위해 '브뤼셀 공산주의 연락위원회'를 조직했다. 1847년 말에 맑스와 엥겔스는 런던에서 개최된 '공산주의자

동맹' 제2차 총회에 참석했고 총회는 선언문 작성을 맑스와 엥겔스에게 위임했다. 맑스는 엥겔스가 작성한 『공산당 선언』*Manifest der Kommunistischen Partei* 초안을 마무리했다. 선언문 초안은 엥겔스가 썼지만 엥겔스가 파리로 떠난 후 맑스는 이 초안을 토대로 노동계급의 투쟁과 운동을 이끌어줄 이념과 예술적인 형식을 통해 호소력을 높이려 했다. 그는 『공산당 선언』을 한 문장 한 문장 음미하며 수정했고 1월 말에 원고를 완성해 런던으로 보냈다. 『공산당 선언』은 런던의 작은 출판사에서 책자로 발행되었다. 이 책을 출판한 사람은 독일 이민자 부르크하르트*Jakob Burckhardt, 1818-97* 였는데 그는 '공산주의 자동맹' 및 '전독일노동자협회' 회원이었다.

『공산당 선언』이 출간되고 얼마 후 프랑스 2월 혁명이 발발했다. 3월 중순, 파리에 『공산당 선언』 1,000부가 입고되어 프랑스와 독일로 배포되었고 나머지는 다른 나라에 전달되었다. 4월과 5월 사이에 재판 결과가 나왔고 그 일부가 『독일 런던 신문』에 게재되었다. 곧 프랑스어, 이탈리아어, 스페인어로 번역되었지만 출간이 보류되었다. 연말에 덴마크어 번역본과 폴란드어 번역본이 나왔다. 스웨덴에서는 공상적 사회주의자 괴레스*Johann Joseph von Görres, 1776-1848* 가 마지막 문장을 "민중의 목소리는 하느님의 목소리다"로 바꾸어 출간했다.

1851년까지 프랑스에서 네 종류의 『공산당 선언』 번역판이 나왔다. 엥겔스는 1848년 4월에 이 책을 바르멘에서 영어로 번역했다. 최초의 영역본은 2년 후인 1850년 11월에 런던의 차티스트 기관지 『붉

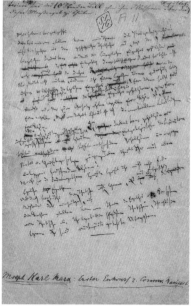

◀ 『공산당 선언』 초판 표지.

▶ 『공산당 선언』 원고.
맑스가 쓴 『공산당 선언』의 초고로
현재는 한 페이지만 남아 있다.

은 공화국』에 실렸다. 그 이전까지 『공산당 선언』은 익명으로 발표되었는데 『붉은 공화국』의 편집장 하니가 처음으로 서문에 저자의 이름을 밝혔다. 이 책을 러시아어로 번역한 사람은 스위스에서 망명 생활을 하던 혁명가 플레하노프^{Georgii Valentinovich Plekhanov, 1856-1918}였다. 1871년에 미국에서 세 종류 이상의 번역본이 출간되었다. 이 책의 독자는 점점 늘어나 결국 노동자들의 성서가 되었고 1890년에 엥겔스는 이 책의 역사가 바로 노동운동의 역사를 반영한다고 말했다.

민주적인 『신라인 신문』의 개간과 폐간

1848년 초에 맑스는 새로 결성된 '공산주의자동맹'의 회장으로 선출되었다. 그해, 유럽 각국에서는 혁명이 일어났다. 엥겔스는 혁명 전야에 파리에서 추방되어 브뤼셀과 각국, 특히 독일혁명의 진로와 방향에 대해 연구했다. 3월 3일에 맑스는 24시간 안에 벨기에를 떠나라는 명령을 받았다. 다음 날 밤 맑스는 부인과 함께 체포되었으나 곧 석방되어 파리로 갔다. 엥겔스가 브뤼셀에 남아 맑스를 위해 뒤처리를 해주었다. 다시 파리에 온 엥겔스는 맑스와 함께 독일에 가서 독일혁명을 지원하기로 했다.

맑스와 엥겔스는 시민혁명에 뒤이어 나타날 사회주의 혁명을 예견하고 「독일에서의 공산당의 요구」^{Forderungen der Kommunistischen Partei in Deutschland}라는 유인물을 작성했다. 그들은 4월 초에 독일에 들어가 쾰른에서 『신라인 신문』^{Die Neue Rheinische Zeitung}이라는 민주적인 신문 개간을 시도했다. 맑스가 편집장을 맡았고 편집위원으로 뷔르거스$^{\text{Ignatz Bürgers, 1815-82}}$, 드롱케$^{\text{Ernst Andreas Dominikus Dronke, 1822-91}}$, 엥겔
스, 베르트$^{\text{Georg Ludwig Weerth, 1822-56}}$, 볼프$^{\text{Wilhelm Wolff, 1809-64}}$ 등이 참
여했다.

『신라인 신문』은 5월 31일에 6월 1일자 신문을 발행하며 개간되
었다. 이 신문은 반동에 저항하는 민중의 궐기를 부추겼고 혁명 과
정에서 민중을 배반하는 부르주아를 질타했다. 이웃 약소국가들의
해방이 실현되지 않고서는 독일혁명이 성공할 수 없다는 주장을 내
세웠다. 파리혁명에서 실패한 민중 봉기가 헛되지 않았음을 지적하
면서 반동에 저항하는 민중혁명이 계속되어야 한다고 강변했다.

맑스는 반동정부의 탄압에 저항하는 납세거부운동을 부추겼
다. 맑스와 엥겔스는 결국 고발되어 1849년 2월 7일 두 번에 걸쳐
재판을 받았다. 이들은 법정에서 언론의 자유와 민중혁명의 필요
성을 강변해 무죄판결을 받고 방청객의 박수를 받으며 풀려났다.
1849년에 독일혁명은 계속되었지만 우유부단한 독일 부르주아지
의 배반으로 실패하고 말았다. 프로이센 반동정부는 라인 지역에
계엄령을 선포하고『신라인 신문』책임자들을 다시 체포하려 했
다. 결국『신라인 신문』은 1849년 5월 19일에 폐간되었으며 편집
자들은 국외로 도피하지 않을 수 없었다.

노동조직의 이념을 위한『신라인 신문·정치경제 평론』

맑스는 스위스를 거쳐 다시 파리로 돌아왔다. 그러나 프랑스정부
는 맑스를 파리에서 추방하고 습기가 많은 브레타뉴에 머물도록 조

치했다. 그 결정에 반대한 맑스는 정치적으로 좀 더 자유로운 영국에 머물기로 결심했고 1849년 8월 26일 런던에 도착했다. "맑스는 파리에서 엥겔스에게 마지막으로 편지를 보냈는데 그는 편지를 통해 런던에서 독일 잡지를 발간할 계획이라고 말했다."* 그 당시 전 유럽에서는 민주혁명이 실패하고 반동이 강화되었지만 맑스는 용기를 잃지 않았다. 그는 실패한 혁명을 통해서 민중이 많은 교훈을 얻을 수 있다고 생각했다.

맑스는 민주세력을 재정비하고 민중을 각성시켜 유럽 전체를 변화시키는 새로운 프롤레타리아혁명을 준비하려 했다. 당시 런던에는 많은 정치적 망명자들이 도피해 있었고 생활의 어려움을 겪고 있었다. 맑스는 9월 초 런던에서 공산주의자동맹과 결속되어 있는 독일노동자교양회에 가입했다. 맑스는 그 자신도 어려운 상황이었지만 다른 망명자들의 생활과 교양을 도와주기 위해 힘썼다.

9월 중순에 맑스의 아내는 만삭의 몸으로 세 아이를 데리고 파리에서 런던으로 갔다. 11월 초에 엥겔스도 런던에 도착했고 독일혁명군 지휘관이었던 빌리히^{August Willich, 1810-78}도 동지가 되었다. 맑스와 엥겔스는 노동자들과 노동조직의 이념을 이끌어줄 언론의 필요성을 느껴 『신라인 신문』의 정신을 계승하는 잡지를 발간하기로 했다. 우선 발간에 필요한 경비를 모금했고 『신라인 신문·정치경제 평론』^{Neue Rheinische Zeitung. Politisch-Ökonomische Revue}이라는 이름으로 1850년 3월 6일에 창간호를 발간했다. 이 잡지는 정치적 망명자들이 도피해 있는 런던과 잡지가 인쇄되는 독일 함부르크 외에 뉴욕에서도 발행

---

* Franz Mehring, *Karl Marx: Geschichte seines Lebens*, Berlin, 1979, S.199. 런던 시절 이후 맑스의 생애에 관해서는 주로 이 책을 참조했다.

되었는데 그것은 독일혁명 참여자들 가운데 많은 사람이 혁명에 실패한 후 미국으로 이민을 갔기 때문이었다. 그러나 이 잡지는 독일 정부의 탄압과 자금 부족 때문에 제6호를 마지막으로 11월 말에 폐간되었다. 이 잡지에 실린 논문 가운데 맑스의 「1848년에서 1850년까지 프랑스에서의 계급투쟁」과 엥겔스의 「독일 제국헌법 캠페인」이 두드러졌다.

프루동을 비판한 맑스

1850년 11월에 엥겔스는 맑스를 재정적으로 돕기 위해 맨체스터로 가서 지긋지긋한 회사 일을 다시 시작했다. 이런 엥겔스의 동지애는 맑스를 감동시켰고 엥겔스 덕분에 맑스는 저술에 전념할 수 있었다. 둘은 편지를 통해 철학·자연과학·역사학·언어학·정치경제학·군사학·예술학 등에 관한 의견을 주고받았다.

1851년 7월에 맑스는 프루동의 새 저술 『19세기 혁명의 보편적 이념』*Idée générale de la révolution au XIXe siècle*이라는 책을 읽게 되었다. 맑스는 이미 1847년에 프루동의 저술 『경제적 모순의 체계, 빈곤의 철학』*Système des contradictions économiques ou Philosophie de la misère*을 비판하는 『철학의 빈곤』*Misère de la philosophie*이라는 책을 출간했는데 『19세기 혁명의 보편적 이념』을 읽고 프루동을 다시 비판할 필요성을 느꼈다. 바이틀링이 중심이 되는 '진정한 사회주의'의 이념에 근접한 프루동의 주장이 새롭게 조직되는 공산주의적 노동자당의 이념에 손상을 주기 때문이었다. 프루동은 노동운동을 경제문제에 국한시키고 노동자들의 정치투쟁을 배제하려 했으며 상호부조를 통한 계급간의 화해, 개선을 통한 사회문제 해결을 강조하면서 더욱더 무정부주의적인 방향으로 나아갔다. 그는 혁명을 부정할 뿐만 아니라 프롤레타리아 독재를 포함한 모든 국가를 철폐해야 한다고 주장했다.

맑스는 엥겔스에게 보낸 1851년 8월 8일과 14일자 편지에서 프루동의 책에 관해 물었고 엥겔스의 의견을 참조하여 프루동의 이념을 비판하는 글을 썼다. 그는 이 글을 미국으로 이민을 간 후 진보적인 잡지 『혁명』을 발간하던 바이데마이어Joseph Arnold Wilhelm Weydemeyer, 1818-66에게 보내려 했다. 바이데마이어는 맑스의 요청을 흔쾌히 승낙했고 1852년 1월에 맑스의 글을 게재할 예정이었다. 그러나 잡지가 경영난으로 폐간되어 실현되지 못했다. 맑스는 여기서 프루동이 지향하는 사회개혁이 이전의 공상적 사회주의로 후퇴하는 비과학적인 이상이라고 지적했다.

영속적인 프롤레타리아의 사회주의 혁명

1851년 12월 2일 프랑스에서 나폴레옹 지지자들이 의회를 해산하고 독재를 시작했다. 이 소식을 들은 엥겔스는 16일에 맑스에게 편지를 보내 프랑스 정치 문제에 대해 기사를 써보라고 권유했다. 이렇게 해서 나온 소논문이 맑스의 「루이 보나파르트의 브뤼메르 18일」Der achtzehnte Brumaire des Louis Bonaparte이었다. 맑스는 이 글을 쓰기 위해 신문자료를 모으고 엥겔스의 조언을 참작했으며 파리에 있는 하이네의 비서 라인하르트의 편지를 참조했다. 맑스가 이 글을 쓰던 당시 그의 가족은 건강이 좋지 않았다. 그는 힘든 상황에서도 예술적인 문체로 뛰어난 논문을 썼다. 이 글에서 맑스는 프랑스의 역사발전을 유물사관의 원리에 따라 분석했다.

1799년 11월 9일에 보나파르트Joseph-Napoléon Bonaparte, 1768-1844가 쿠데타를 일으켜 프랑스혁명의 열매를 가로챘다. 그러한 쿠데타가 성공할 수 있었던 원인은 계급투쟁이었다. 다시 말해, 혁명의 발전은 필연적으로 사회주의 공화국의 실현이었고 그것을 두려워하며 착취제도를 유지하려 했던 부르주아들이 반동적인 모험가 나폴레옹을 선택한 것이다. 아직 자의식을 지니지 못했던 민중은 나폴레옹의 지지를 둘러싸고 양분되었으며 보수층은 나폴레옹의 기만과 군국주의에 속아 노동계급을 배반하고 군사정권을 지지하는 쪽으로 기울었다.

맑스는 부르주아들이 일시적으로 승리했지만 군사쿠데타는 민중의 저항에 부딪혀 오래가지 못할 것이라고 예언했다. 그는 농민이 살길은 모두 단합하여 선도적인 노동자와 결합하는 데 있다고 생각했다. 맑스는 부르주아 혁명과 프롤레타리아의 사회주의 혁명을 구분했고 전자가 짚불처럼 일시적인 데 반해 후자는 영속적이라고 말했다. 사회주의 혁명은 항상 자아비판을 게을리하지 않기 때문에 보수주의와 상반되고 새롭게 전진하며 고인 물처럼 썩지 않는다.

생활고와 질병에 시달린 맑스
엥겔스의 도움에도 맑스와 그의 가족은 생활고에 시달렸다. 맑스의 저술을 출판하려는 사람이 없었을뿐더러 『뉴욕 트리뷴』*New-York Tribune*지에 기고한 글의 원고료도 변변치 못했다. 그는 신문구독료, 원고지 값, 병원치료비, 약값, 우편료를 지불하기도 힘들었다. 양복을 전당포에 맡기는 일도 있었는데 그때는 옷이 없어 도서관에 가지 못하고 집에만 머물렀다. 일주일 내내 감자와 빵으로 연명할 때도 있었다. 때로는 집주인이나 빚쟁이들이 집으로 찾아와 맑스를 위협하고 물건을 압류하기도 했다.

맑스의 가족은 1849년 가을부터 1850년 4월까지 런던 남서지역 첼시아에 있는 엔더선 4가에서 살았다. 이 좁은 집에서 1849년 11월 5일에 맑스의 넷째 아이 기도가 태어났다. 그러나 맑스는 집세를 제대로 내지 못해 1850년 4월 말에 그의 아이들과 함께 차가운 길거리로 쫓겨났다. 그는 친구들의 도움으로 집세를 지불하고 압류된 물건을 팔아 사소한 외상값을 갚았다. 맑스 가족은 독일인이 임시로 운영하는 여인숙에 머물다가 6월 1일 이주민들이 거주하는 딘가 64번지로, 12월에는 28번지로 이사했다. 소호 지역에 있는 이 집은 빈민가나 다름없었다. 맑스의 거처에는 방이 두 개 있었는데 앞방은 작업실, 손님 접대실, 식당으로 사용했다. 맑스 가족은 1856년 가을에 예니의 어머니가 돌아가시고 적은 유산을 받아 런던 북서쪽에 있는 단독주택에 세를 얻었다. 맑스 가족은 그레프톤 테레이스 9번지에 해당하는 이 집에서 1864년 3월까지 머물렀다.

열악한 환경과 무리한 작업으로 맑스의 건강이 나빠졌다. 그의 불충분한 영양상태도 건강을 해쳤다. 맑스는 눈병과 류머티즘으로 고생했고 1853년에는 간염 증세가 나타났으며 부인과 아이들도 병에 시달렸다. 7명의 아이들 가운데 3명만 살아남았다. 1849년 11월 19일에 태어난 지 얼마 안 된 귀도^{Guido}가 폐렴으로 사망했다. 귀도보다 조금 늦게 태어난 딸 프란체스카는 1852년 4월 14일에, 1857년 7월 초에 태어난 아이는 탄생 직후에 사망했다. 맑스의 가슴을 가장 아프게 한 것은 1855년 4월 6일 8세의 나이로 사망한 에드가의 죽음이었다. 그는 영리하고 착하며 호기심이 많은 아이여서 가족의 사랑을 많이 받았었다.

맑스 가족의 불행은 부르주아 사회를 비판하는 진보적인 사람들을 향한 사회적 핍박에도 책임이 있었다. 그러나 맑스는 이에 굴하지 않고 가난한 사람들의 행복을 위한 투쟁을 멈추지 않았다. 맑스는 1866년 8월에 그의 사위 라파르그에게 보낸 편지에서 이렇게 말했다. "자네가 알다시피 나는 전 재산을 혁명투쟁을 위해 바쳤네. 나는 후회하지 않네. 오히려 반대라네. 다시 태어난다 해도 똑같은 일을 할 것이네."*

자상한 아버지

맑스는 가정에서 매우 자상하고 착한 아버지였다. 이웃의 고통을 외면하지 않았고 친구들에게도 신뢰를 잃지 않았다. 그의 아내 예니는 어려움 속에서도 불평 없이 아이들을 기르고 맑스를 잘 도와주었다. 예니는 맑스의 원고를 읽고 수정해주었으며 편지 쓰는 일도 도와주었다. 맑스는 아이들을 좋아해 자신의 아이들뿐만 아니라

* Institut fur Marxismus-Leninismus beim ZK der SED, *Marx-Engels Werke*, 31, 518f. 맑스·엥겔스 저작집(*Marx-Engels Werke*)은 이하 MEW로 표기하고 그 뒤에 권수와 쪽수를 표시했다.

동네 아이들과도 함께 놀아주고 재미있는 이야기도 들려주었다. 놀이를 할 때 아이들은 맑스의 등에 올라탔다. 날씨가 좋은 일요일에는 가족과 함께 가까운 공원에 가서 친구의 가족들과 놀이를 하거나 운동경기를 했다.

맑스는 운동에 너무 몰두한 나머지 일주일 동안 오른팔을 움직이지 못한 적이 있었다. 그때 맑스는 아이들에게 동화를 많이 읽어주었다. 그는 아이들이 자라면서 문학에도 관심을 갖게 도와주었는데 『그림 동화집』Grimms Elfenmärchen, 『천일야화』Alf laylah wa laylah, 『니벨룽겐의 노래』Das Nibelungenlied 같은 책이 늘 아이들 가까이 있었다. 맑스는 그 외에도 그리스 비극, 단테와 세르반테스Miguel de Cervantes Saavedra, 1547-1616, 괴테, 셰익스피어, 발자크Honoré de Balzac, 1799-1850와 하이네의 작품을 아이들에게 권했다. 그의 딸들은 셰익스피어의 희곡에 나오는 중요한 대사들을 암기할 정도였다. 맑스는 모험소설도 좋아해서 뒤마Alexandre Dumas, 1820-70의 작품들을 애독했다.

노동가치설을 과학적으로 입증한 맑스

맑스는 런던에 머물면서 박물관 서고와 대학 도서관을 열심히 드나들었다. 필생의 업적인 『자본론』 저술에 필요한 자료를 수집하고 정리하기 위해서였다. 그런 가운데 그는 틈틈이 국제적인 노동운동 조직과 노동운동 구성원 지도에 관여했다. 맑스는 1868년 9월에 브뤼셀에서 개최된 '국제 노동자 협회'제1인터내셔널의 임시 위원으로 활동했고 이 협회의 창립 선언문과 임시 규약을 작성했다. 맑스는 경제적인 어려움을 엥겔스의 헌신적인 도움으로 이겨냈으며 마침내 생전에 『자본론』 1권을 완성했다. 이 책을 저술할 때도 엥겔스의 초기 연구와 저술들, 특히 『영국에서의 노동자계급의 상태』*Die Lage der Arbeitenden Klasse in England*가 많은 도움을 주었다.

『자본론』의 핵심은 '잉여가치설'에 있다. 상품의 가치는 상품을 생산하는 노동자의 노동량으로 결정되는데 자본가들은 임금이라는 명목으로 그 가운데 극히 적은 일부만을 노동자에게 지불하고 나머지는 가져간다는 것이다. 노동자에게 주고 남은 가치가 '잉여가치'이며 그것을 빼앗아가는 것이 곧 '착취'다. 이전의 경제이론에서는 생산에 필요한 토지, 원료, 기계 등 자본가가 투자한 자본이 이윤의 근원이라고 주장했는데 맑스는 그러한 주장을 뒤엎고 노동가치설을 과학적으로 입증했다.

스미스*Adam Smith, 1723-90*나 리카도*David Ricardo, 1772-1823*는 자본주의 경제구조를 잘 분석하면서도 사유재산의 발생 원인에 눈을 돌리지 않았기 때문에 자본주의 경제의 모순을 밝혀낼 수 없었다. 맑스는 투자한 자산이나 수요와 공급의 관계가 아니라 노동력이 상품의 가치를 만들어내며 잉여가치가 자본주의적 착취의 근원이라는 사실을 모든 과학을 동원해 밝히려고 노력했다. 그는 자본주의의 발전법칙을 인식하기 위해 역사학에 눈을 돌렸고 자본주의적 생산 비밀을 찾아내기 위해 상품을 생산하는 기술과 기술과학에도 관심을 기울였다.

1881년 12월 2일에 맑스의 부인 예니가 사망했다. 생의 반려자

Das Kapital.

Kritik der politischen Oekonomie.

Von

Karl Marx.

Erster Band.

Buch I: Der Produktionsprocess des Kapitals.

Hamburg
Verlag von Otto Meissner.
1867.
New-York: L. W. Schmidt, 24 Barclay-Street.

『자본론』1권의 속표지.

를 잃은 맑스의 충격은 컸고 맑스도 건강이 악화되어 1883년 3월 14일에 눈을 감았다. 그의 시신은 엥겔스의 조사와 함께 런던의 교외에 있는 하이게이트 공동묘지에 안장되었으며 그의 묘비에는 "만국의 프롤레타리아여, 단결하라!"라는 말이 씌어졌다. 그 후 엥겔스는 『자본론』 2, 3권을 맑스의 유고로 발간했다.

웨스턴의 주장을 반박하며 임금 노동제도 철폐를 외친 맑스

맑스는 말년에 경제이론의 탐구뿐만 아니라 노동운동에 나타나는 변칙적인 이론과도 투쟁해야 했다. 영국 노동운동의 대표자 웨스턴John Weston도 맑스가 극복해야 할 대상이었다. 웨스턴은 노동자의 처지를 개선하려는 운동, 예컨대 임금인상 투쟁 같은 사회운동이 오히려 노동자들과 사회 전반에 해를 끼친다고 주장했다. 임금인상이 물가를 올리는 원인으로 작용하기 때문이라는 것이었다.

맑스는 『자본론』이 나오기 두 해 전인 1865년 6월 20일과 27일에 국제노동자협회 대의원 총회에서 웨스턴의 주장을 반박하는 연설을 했다. 여기서 맑스는 노동조합운동의 임금인상 투쟁은 결코 노동자들에게 해롭지 않다고 주장했다. 맑스는 자신의 생각과 그가 연구한 경제발전의 본질을 객관적으로 차분히 설명해 참석자들의 절대적인 지지를 받았다.

맑스의 딸 엘레아노어Eleamor, 1855-98는 1898년에 이 강연원고를 출판했는데 그것이 바로 영어로 씌어진 『임금·가격·이윤』Value, Price and profit *이었다. 이 짧막한 저술은 훗날 『자본론』의 근간이 되었으

---

* 맑스·엥겔스, 최동술 옮김, 『임금·가격·이윤』, 새날, 1990. 이 저술은 *MEW*, 16권에 포함되어 있다.

며 『자본론』의 입문서 역할을 하게 되었다. 맑스는 이 저술에서 『자본론』의 핵심인 잉여가치에 대한 문제를 쉽고 간략하게 다루었다.

개인이 소비하기 위한 생산물에는 사용가치가 들어 있는 반면 판매를 목적으로 하는 상품에는 교환가치가 들어 있다. 이 가치를 결정하는 것은 수요와 공급이 아니라 상품에 투하된 노동량이다. 노동도 개인적인 노동이 아니라 분업 속에서 수행되는 사회적 노동이다. 자본가는 모든 수단을 동원해 더 많은 이윤을 얻으려 하는데 자본가가 획득하는 이윤의 가장 중요한 원천은 잉여가치다. 맑스는 노동과 노동력이 다르다는 것을 규명했다. 자본가는 임금을 주고 노동력을 구매했을 뿐인데 노동의 가치를 모조리 가져간다. 이러한 현상이 자본주의 경제학에서 은폐되어 있다. 노동자들은 임금인상 투쟁, 파업 등을 통해서 빼앗긴 몫을 되찾아와야 하고 자본가들은 그것을 막기 위해 여러 가지 기득권을 사용하기 때문에 노동자들은 사유재산을 폐기하는 혁명을 통해 정치권력을 획득해야 한다.

맑스는 강연 말미에 이렇게 말했다. "노동자들은 '**공정한 노동에 공정한 임금을!**'이라는 **보수적인** 가치 대신 '**임금 노동제도의 철폐!**'라는 **혁명적인** 구호를 내걸어야 한다."* 혁명 이외의 다른 방법에 의존하는 것은 결국 공상적 사회주의 단계로 후퇴하는 것을 의미하기 때문이다.

* *MEW*, 16, 152.

제 3부

사회개혁을 꿈꾼 엥겔스

10 엥겔스의 어린 시절

엥겔스가 태어날 당시 독일의 봉건제도

엥겔스는 1820년 11월 28일에 프로이센의 라인주에 있는 바르멘에서 태어났다. 바르멘은 엘버펠트 가까이에 있는 도시로 오늘날에는 바르멘과 엘버펠트를 통틀어 부퍼탈Wuppertal이라 부른다. 이곳은 1815년의 빈 회의 이후 프로이센에 속했다. 당시 이 두 도시의 인구는 4만 명이 넘었고 이 지역은 라인주 섬유공업의 중심지였다. 프로이센의 다른 지역은 대부분 농업이 주를 이루었다.

당시 독일은 34개의 군주국 및 왕국과 4개의 자유도시로 분할되어 있었다. 독일에서는 그때까지 봉건-절대적인 관계가 유지되어 농민들은 대지주인 융커들에게 경제적·정치적으로 종속되어 있었다. 독일의 정치적 분열 상태를 이용해 권력을 유지하던 군주들과 융커들은 봉건관계를 계속 유지하기 위해 모든 수단을 동원했으며 저항운동을 무력으로 잔인하게 짓밟았다. 그런데도 여기에서 차차 자본주의적인 생산방식이 관철되어갔고 그와 더불어 봉건귀족과 부르주아지 사이의 모순이 나타났다. 이에 따라 봉건적 지배관계를 제거하고 통일적인 시민국가를 형성하는 일이 진보적인 독일인들의 과제로 등장했다.

부퍼탈 노동자들의 비참한 노동환경

라인주에서는 프랑스 시민혁명과 나폴레옹의 영향으로 19세기 초반부터 봉건제가 청산되기 시작했다. 자본주의적인 기업의 자유가 허용되었고, 교회와 귀족의 봉건적 특권이 사라졌다. 자본주의적 생산방식이 증가하면서 이 지역의 부르주아지와 노동계급이 성장했다. 부퍼탈에도 자본주의적 공업화가 이루어지기 시작했다. 1830년대에 이곳에 약 200개의 중소공장이 들어서서 견직물과 면직물을 생산했다.

당시 이곳의 노동자들은 비참한 노동조건과 생활조건 아래 살고 있었다. 면직물 공장의 일반 노동자들은 일주일 임금으로 50킬로그램 정도의 감자를 살 수 있었다. 공장에서는 남성뿐만 아니라 여성과 아이들도 함께 일했다. 이제 겨우 6세가 된 아이들도 있었다. 아이들은 학교를 다니는 대신 유년시절의 대부분을 공장에서 보냈다.

이곳의 부유한 공장주들은 노동자들을 끊임없이 착취했다. 그들은 당시 유럽을 지배하던 영국 공장주들과 경쟁하기 위해 노동자들을 더욱 혹사시켰다. 영국에서 일어난 산업혁명의 물결은 유럽과 독일에 밀려들어 생산력을 급속히 발전시켰지만 그와 동시에 노동계급의 비참함도 더해갔다. 공장제공업은 가내공업을 몰락하게 했고 1820년대에 부퍼탈에서만 1,000여 명의 가내공업자가 생계수단을 잃어버렸다.

경건주의 종교 경향

유럽의 다른 나라에서는 부르주아지들이 봉건지배를 종식시키는 데 이바지한 반면, 독일 라인주의 부르주아지는 정치투쟁에 적극적으로 참여하지 않았다. 이들은 오로지 공업과 상업의 발전, 이윤의 증가에만 관심이 있었다. 1834년에 프로이센 지도층의 강요로 독일 관세동맹이 결성되자, 라인주의 부르주아지는 프로이센의 봉건 반동 지배층과 제휴를 맺었다. 이곳의 부르주아 계층들 사이에서는 음악과 연극이 활기를 띠었지만 정신적으로는 피상적이고 위선적인 경건주의로 가득 차 있었다.

프로테스탄티즘에서 연원한 경건주의 종교 경향은 17세기 말에 발생했으며 성장하는 시민계급의 이념으로 처음에는 진보적이고 개혁적인 역할을 했다. 경건주의의 대표자들은 독단적인 교리에 반대하며 실천적이고 민주적인 기독교를 강조했을 뿐만 아니라 기독교인의 경건하고 부지런한 노동생활을 권장했다. 독일의 철학자 칸트도 이러한 분위기에서 자라났다. 그러나 시간이 지남에 따라 경건주의는 점차 종교적 광신에 빠져 계몽주의의 진보적인 이념을 거부했다. 부퍼탈의 경건주의 목사들은 지상생활의 무가치함을 극단적으로 강조하고 노동자들의 비참함을 노동자 자신의 책임으로 돌렸다. 이러한 주장에 반대하는 모든 의견을 악마와 연관되는 것으로 치부했고 어떤 목사들은 연극이나 음악마저 성스럽지 못하다고 비판했다.

엥겔스의 가정환경

엥겔스는 이러한 상황에서 성장했다. 엥겔스의 아버지는 공장주였는데 그는. 1837년에 에르멘가와 함께, 영국 맨체스터에 '에르멘과 엥겔스'라는 면직공장을 세웠다. 엥겔스 가문에는 프로이센 정신과 종교적인 전통이 지배적이었다. 엥겔스의 어머니는 한 고등학교 교장의 딸로서 문학과 음악을 사랑하는 교양 있는 부인이었다. 특히 그녀는 괴테를 좋아했다. 재치 있고 이해심이 깊었던 그녀는 네 명의 아들과 네 명의 딸을 낳았다. 장남인 엥겔스는 세 번째로 태어난 여동생 마리를 가장 좋아했다.

엥겔스는 지금은 폭격으로 흔적조차 없어진 브루허가 8번지에서 명랑하고 밝은 어린 시절을 보냈다. 그는 음악과 연극, 산책 등을 즐겼으며 공부를 도와주고 옛이야기를 들려주었던 그의 외할아버지를 가장 좋아했다. 특히 옛이야기 『니벨룽겐의 노래』에 나오는 주인공 지크프리트가 엥겔스의 마음을 사로잡았는데, 지크프리트는 엥겔스에게 위선과 보수에 대항하는 투쟁의 상징이 되었다.

엥겔스의 아버지도 음악과 연극을 좋아했다. 그는 첼로를 켰고 집에서 실내음악을 연주했으며 그 지역 시·예술연맹회원이었다. 그는 사업차 국내외로 여행을 많이 다녀서 성격이 개방적이었다. 그러나 가정에서는 아이들의 종교교육을 중시했으며, 성서에 대한 무조건적 신앙을 강조했다.

엥겔스의 정신적인 성장

라인주 공업중심지에서 자란 엥겔스는 어려서부터 노동자들의 비참함을 목격했다. 그들은 이른 새벽부터 밤늦게까지 일했다. 많은 노동자가 종교나 술에 **빠졌다**. 노동자들은 당시 사람들의 정신생활을 주도하던 경건주의에 심취해 자신의 비참함을 합리화하고 있었다. 엥겔스의 마음속에는 공장주들의 위선적인 도덕과 신앙심에 대한 분노가 말없이 자라났다. 엥겔스는 어려서부터 독립심이 강했다. 그의 아버지의 엄한 훈령이나 벌도 엥겔스에게 맹목적인 복종을 강요할 수 없었다. 엥겔스는 14세까지 종교정신으로 운영되던 바르멘 시립학교에 다녔다. "엥겔스의 동급생이 괴테가 누구냐고 묻자 리페 선생은 '무신론자'라고 대답했다."* 엥겔스는 이곳에서 물리학과 화학을 열심히 배웠고, 어학에서 재능을 발휘했다. 1834년에 엥겔스는 엘버펠트에 있는 인문학교 김나지움에 들어갔다.

1830년 파리의 7월 혁명과 1832년 독일 민중운동의 전초인 '함바흐 축제'Das Hambacher Fest를 통해 반봉건적 움직임이 독일에 확산되자, 봉건반동세력은 1834년에 '빈의 결정'을 통해 철저한 탄압을 가하기 시작했다. 헤센주에서 농민들을 옹호했던 시인 뷔히너Georg Büchner, 1813~37도 다른 지역으로 도피했으며 많은 도피자가 프랑크푸르트에서 '추방자 동맹'을 결성하고 봉건적인 탄압에 맞섰다. 엥겔스가 입학한 인문학교는 1592년에 설립된 학교로 프로이센에서도 이름이 나있었다. 그러나 이 학교에도 보수적인 종교 분위기가 지배적이었다. 엥겔스의 아버지는 교장의 권유에 따라 엥겔스를 학

---

* H Ullrich, *Der junge Engels*, Berlin, 1961, S.11.

교 가까이에 있는 엄격한 한 가정에 맡겼다.

엥겔스는 그림을 잘 그렸고 역사와 고대어에도 관심을 보였다. 그의 노트에는 역사와 관계되는 그림이 많이 그려져 있었다. "그는 인문고등학교의 교사들 가운데 역사와 문학을 가르쳤던 클라우젠 박사에게 가장 많은 영향을 받았다."* 고등학교에서 습득한 독일 문학과 세계 문학은 이후 엥겔스에게 많은 영향을 주었다. 엥겔스는 폭군적인 억압에 대항하여 싸운 실러^{Johann Christoph Friedrich von} Schiller, 1759-1805의 『빌헬름 텔』^{Wilhelm Tell}, 인식과 진리를 추구하는 괴테의 『파우스트』^{Faust}를 좋아했다. 엥겔스는 그들처럼 자신도 휴머니즘적인 정신으로 자유로운 이상을 위해 싸울 것을 마음속으로 결심했다. 그는 터키인에 대항해 싸운 그리스인의 독립전쟁에 동정을 표했고 『해적이야기』를 써서 그리스인의 투쟁정신을 찬양하기도 했다.

아버지와의 갈등

엥겔스가 정신적으로 성장하면서 그와 그의 아버지 사이에 마찰이 생겼다. 엥겔스는 주위의 비이성적인 분위기에 굴복하려 하지 않았고 그의 아버지는 그것을 매우 못마땅하게 생각했다. 엥겔스는 역사와 문학을 통해 익힌 인간의 존엄성과 자유정신이 당시의 상황과 모순된다는 사실을 파악했다. 그는 자본주의적 공장노동이 인간의 힘과 기쁨을 앗아간다는 사실을 목격했고, 일요일마다 두 번씩 교회에 가면서도 자기 공장 어린이들을 혹사시키고 노동자들을 착취하

---

* Gustav Meyer, *Friedrich Engels: Eine Biographie*, 2 Bände, Frankfurt am Main, 1975, Erster Band, S.13. 엥겔스의 후기 생애에 관해서는 주로 이 책의 제2권을 참조했다.

엥겔스의 사진.
엥겔스는 맑스와 함께 맑스주의를 창시했다.

는 부유하고 신앙심 깊은 공장주들의 위선에 분노를 느꼈다.

엥겔스가 밤에 책상 앞에서 책을 읽고 있으면 밖에서는 술 취한 노동자들의 울부짖는 소리가 들려왔다. 이들은 대부분 거처할 집이 없어 이곳저곳에서 밤을 새우다가 새벽이 되면 일하러 가기 위해 어슬렁어슬렁 기어 나왔다. 이들은 절망과 고통을 잊기 위해 술을 마셨다. 이곳 노동자들의 비참한 상황은 어린 학생이었던 엥겔스에게 지워지지 않는 인상을 심어주었고 훗날 그가 휴머니즘 철학에 눈을 돌리는 계기가 되었다.

주위 세계와의 마찰 때문에 엥겔스는 종종 외로움을 느꼈다. 그의 아버지는 엥겔스의 적성에 맞는 직업 대신 자신의 입장을 고집했다. 엥겔스는 대학에 진학하고 싶었지만 허사였다. 엥겔스가 대학입학 자격고사를 1년 남겨놓은 해에 그의 아버지는 엥겔스를 김나지움에서 자퇴시키고 그의 회사에서 회계일을 맡게 했다.

엥겔스는 무척 슬펐고, 자기를 이해해줄 친구를 찾았으나 주위에는 그런 친구가 없었다. 내면의 갈등을 오랫동안 한 그는 교회로 신을 찾아가 인류를 죄에서 해방시키고 지상에 행복을 내려달라고 호소했다. 물론 그가 찾은 신은 경건주의의 신이나 독단적인 성서와는 거리가 먼 신이었다. 그러나 엥겔스의 신앙은 오래가지 못했다. 삶을 긍정하고 지식욕에 불타는 그의 성격과 어울리지 않았기 때문이다. 학창시절에 엥겔스와 가장 가까웠던 친구는 목사의 아들인 그레버 Graeber 형제였다. 엥겔스와 이들의 우정은 오랫동안 계속되었다.

엥겔스의 예술적 감수성

엥겔스는 그의 아버지 회사에서 약 1년 동안 근무한 뒤 1838년 7월에 18세가 되자 브레멘으로 가서 상업교육을 받았다. 당시 상업도시로 번성한 브레멘은 부퍼탈과 달리 개방적인 분위기였다. 그러나 브레멘의 부르주아지도 민주정치보다는 이윤추구를 더 중요하게 생각했다. 다만 브레멘에서는 경건주의 반동세력이 큰 힘을 발휘하지 못했다. 브레멘은 당시 독일의 4개 자유도시 가운데 하나였고, 이 지역의 신문과 서적은 정치적으로 철학적으로나 비교적 자유로운 이념을 전파했다.

엥겔스는 아버지의 주선으로 어떤 교인의 집에 머물게 되었는데 이 집은 성 마티니 교회에 속해 있었다. 고향에서처럼 여기서도 회계일은 엥겔스의 마음에 들지 않았다. 그는 내심 이 직업에 저항하고 있었다. 그러나 그는 열심히 일했고 자유 시간에는 독일 문학에 심취했다. 1834년 이후에 반동정권은 저항세력을 억누르는 데 성공했지만 자유민주주의의 이념을 제거할 수도 없었고 이념적인 영역에서의 반봉건 투쟁을 억누를 수도 없었다. 특히 문학 분야에서 반봉건 투쟁이 강화되었다. 하이네와 뵈르네Ludwig Börne, 1786-1837가 중심이 된 청년 독일파가 그 대표적인 예다.

엥겔스는 이러한 시문학에 공감했을 뿐만 아니라 직접 시를 창작하기도 했다. 그러나 그는 자신의 시에 만족할 수 없었다. 그는 괴테를 집중적으로 읽었는데 괴테는 젊은 시인들이 광범위한 교양을 쌓고 삶에 눈을 돌리며 주관주의적이고 추상적인 사변에 빠지지 않도록 가르쳐주었다. 엥겔스는 그것이 마음에 들었다. 엥겔스는 신문, 잡지, 소설을 많이 읽었는데 때로는 밤늦게까지 밤을 새워 독서를 했다. 엥겔스는 승마와 산보, 방랑을 즐겼다. 그는 그림을 잘 그려서 고향 친구와 여동생에게 풍자적인 그림을 보내주기도 했다. 엥겔스는 음악도 즐겼다. 음악 학교와 오페라 극장을 방문했고 특히 모차르트의 「마술 피리」를 즐겨 감상했다. 그는 누구보다도 베토벤을 좋아했고, 베토벤의 소나타와 교향곡, 특히 교향곡 3번 「영웅」과 5번 「운명」을 즐겨 들었다. 「운명」교향곡은 그에게 항상 새로운 감동을 주었다.

경건주의를 비판한 엥겔스

엥겔스는 상업교육에 필요한 외국어인 불어, 폴란드어, 영어, 스페인어를 공부했고 쉽게 통달했다. 그는 바르멘의 친구들에게 각국의 말로 번갈아가면서 편지를 썼고 때로는 시적인 표현을 사용하기도 했다. 그는 회사의 회계일을 정확하게 처리했으며 하숙집에서도 귀염을 받았다.

그는 종종 한가한 시간에 베저^{Weser}강으로 수영하러 가서 강을 네 번씩 가로지르며 헤엄쳤다. 그는 젊은이들이 구질서에 반대하는 투쟁을 하기 위해 신체를 단련해야 한다고 생각해서 펜싱클럽에도 나갔다. 그는 그런 활동을 '삶의 왕관'으로 간주했다. 체격이 건장했던 그는 매우 활동적이고 적극적인 성품을 지니고 있었다. 그는 정치 논쟁에도 적극적으로 참여했으며, 속물들에 대한 반감의 표시로 수

염을 기르기도 했다. 그는 술과 담배를 적당히 즐겼다. 훗날 사람들은 그에게 '장군'이라는 별명을 붙여주었다.

엥겔스는 브레멘에 도착할 때부터 자신을 보수주의의 적대자, 자유주의자로 생각했다. 자유주의라는 말은 당시에 상당히 혁명적인 의미를 지녔다. 그는 점차 혁명적인 이념에 열광했고 자유의 이념을 생각하며 잠을 이루지 못했다.

당시 정치적이고 정신적인 반동의 선두에는 빌헬름 3세^{Friedrich} $^{Wilhelm\ III,\ 1770-1840}$가 통치하는 프로이센이 있었는데 그는 진보의 적대자로서 귀족들의 이익을 유지하려 했고 교회를 반동의 손아귀에 넣으려 했다. 그는 반대의견을 표시하는 종교인마저도 가차 없이 탄압했다. 엥겔스는 봉건반동의 본질을 간파하면서 종교적 신앙의 정당성에 대한 회의가 다시 강해졌다. 그는 자유를 위해 용감하게 일어서야 한다고 생각했다. 그것은 귀족의 지배를 제거하고 민중의 정치적·정신적 노예화를 무너뜨리는 일이었기 때문이다. 이러한 투쟁은 지금까지의 종교적인 견해와 결코 조화될 수 없었다. 18세의 엥겔스는 몇 주간 괴로운 날을 보냈다. 진리를 위해 간절히 기도했지만 결국 옛날의 신앙으로 되돌아갈 수 없었다. 엥겔스는 가정이나 주위 세계가 그에게 부여한 압박감에서 해방되어 경건주의를 마음 놓고 비판할 수 있게 되었고 자신의 신념을 감추지 않았다.

엥겔스는 1839년 초에 고향의 경건주의를 비판하는 글을 썼다. 그것은 함부르크에서 발간된 『독일을 위한 전보』라는 잡지에 발표한 「부퍼탈로부터의 편지」$^{Briefe\ aus\ dem\ Wuppertal}$였다. 여기서 엥겔스는 부퍼탈에 종교적 신비주의가 어떻게 만연해 있고, 그것이 참신한 민중의 삶을 얼마나 질식시키고 있는지를 아주 명료하게 서술했다. 그는 경건주의의 정통적인 본질을 비판하며 그것이 반이성적임을 지적했다. 그의 비판은 경건주의에만 국한되지 않았다. 그는 경건주의적인 생활방식과 사회적 비참함 사이의 긴밀한 연관성을 부각시켰다. 그는 자신의 체험을 바탕으로 비인간적인 사회 상태를 폭로하고 공장주와 그들의 착취를 이념적으로 뒷받침해주고 있는 경건주의가 노동계급의 비참한 운명에 책임이 있다는 사실을 폭로했다.

엥겔스는 이 기사에서 아직 자본주의적인 착취의 본질을 밝힐 수는 없었지만 민중의 비참함에 대한 깊은 동정과 책임감을 보였다. 이 글에서 그의 냉철한 이성과 인간적인 정감이 잘 드러난다. 익명으로 발표된 엥겔스의 기사는 『독일을 위한 전보』가 순식간에 동날 정도로 부퍼탈에 커다란 파문을 일으켰다. 『엘버펠트』 신문은 엥겔스의 주장을 반박하는 2개의 성명서를 내고 엥겔스가 실상을 왜곡하고 있다면서 공장주들을 옹호했다. 엥겔스는 『엘버펠트』 신문사에 편지를 보내 무엇이 왜곡되었는지를 단 한 가지라도 구체적으로 밝혀보라고 요구했다.

종교를 비판하고 무신론을 택한 엥겔스

엥겔스는 프랑스와 독일의 진보적인 철학책들을 읽으면서 봉건제도를 이념적으로 합리화해주던 종교가 정치와 야합하고 있다는 결론에 도달했다. 그는 결국 종교에 대한 비판은 봉건계급에 대항하는 정치투쟁의 일환이라는 사실을 깨닫게 되었다. 종교를 철학적으로 합리화하던 헤겔이 죽은 후에 헤겔의 제자 슈트라우스는 『예수전』^{Das Leben Jesu, kritisch bearbeitet}이라는 책을 저술해 커다란 파문을 일으켰다. 이것을 계기로 헤겔의 제자들은 좌파와 우파로 갈라졌다. 헤겔좌파 또는 청년헤겔파는 헤겔의 변증법에서 출발해 종교와 철학의 화해에 반대하면서 종교와 프로이센 국가의 절대적성을 반박했다. 반면 헤겔우파는 헤겔의 체계와 종교를 옹호하고 기독교의 정통파들과 힘을 합해 청년헤겔파들에 대항했다. 슈트라우스의 책은 종교와 논쟁하던 18세의 엥겔스에게 훌륭한 지침이 되었다. 엥겔스는 슈트라우스에게서 검, 방패, 투구를 얻었다고 말했다.

엥겔스는 종교의 연구와 비판에 집중했다. 그는 종교가 이성이나 과학과 일치할 수 없으며 인간의 창조적인 힘을 빼앗는다는 결론에 도달했다. 그는 맹목적인 신앙과 진보적인 이성 사이에서 고민하다 결국 이성을 택했다. 그것은 신과 성서를 거부하고 무신론 쪽으로 돌아선다는 것을 의미한다. 그는 다른 청년헤겔파와 마찬가지로 헤겔 철학의 진보적 측면인 역사적·변증법적 고찰방식을 습득했다. 그는 헤겔의 『역사철학강의』^{Vorlesungen über die Philosophie der Geschichte}를 '영혼으로 씌어진 책'*이라 평가했다. 그는 일주일 동안 그 책을 읽으며 헤겔의 변증법에 열광했다. 그는 철학을 '모든 과학의 영혼'**으로 간주했다. 그는 칸트와 피히테^{Johann Gottlieb Fichte, 1762~1814}의 이념을 연구했으며 소크라테스, 플라톤, 스피노자의 철학을 익혔다. 그러나 그에게 가장 중요한 철학자는 항상 헤겔이었다.

* H. Ullrich, *Der junge Engels*, Berlin, 1961., S.121.
** Ebd., S.128.

이념적 무기로서의 문학

엥겔스는 헤겔에 심취하면서도 헤겔 철학이 지니는 한계를 의식하기 시작했다. 그는 철학을 위한 철학이 아니라 삶과 결부된 철학을 원했고 이론과 실천의 통일 속에서만 봉건적 반동에 대한 효과적인 투쟁이 가능하다는 것을 깨달았다. 엥겔스는 1839년 11월과 12월에 두 편의 글 「독일 민중문학서」와 「칼 베크」를 『독일을 위한 전보』지에 발표했다. 그는 「독일 민중문학서」에서 민중이 문학을 통해 귀족주의와 종교적 몽매주의에 맞서 투쟁하도록 고무해야 하며 귀족이나 경건주의에 굴복하도록 가르쳐서는 안 된다고 강조했다. 그는 민중에게 겸손과 복종을 강조하는 민중문학 전파에 강한 반대를 표명했다.

엥겔스는 모든 글을 처음에는 익명으로 그리고 나중에는 오스발트^{Oswald}라는 가명으로 발표했다. 그는 진보적인 독일 작가 하이네와 뵈르네의 작품을 열심히 읽었다. 독일 민중에 대한 인본주의적인 책임감과 혁명정신으로 고취된 엥겔스는 인류를 위해 자신의 삶을 바칠 준비를 했다. 1839년이 지나면서 청년독일파에 대한 열광이 점차 식어갔지만 엥겔스는 뵈르네의 작품에 더욱더 심취했다. 엥겔스는 뵈르네를 자유와 정의를 위한 위대한 투사로 여겼다. 그는 뵈르네처럼 독일 민중의 해방과 진보를 목표로 전통적인 권위를 비판하려 했다.

엥겔스에게 문학은 가장 중요한 이념적 무기였다. 문학은 민중의 이익에 봉사해야 하며 민중을 일깨워야 한다. 엥겔스는 친구에게 보낸 편지에서 민중에게 범죄를 저지르는 모든 군주를 사형에 처해야 한다고 썼다. 그는 왕과 군주들을 증오했고 민중 혁명의 힘을 신뢰했다. 그에게 민중은 봉건반동 투쟁에서 결정적인 역할을 하는 힘이었다. 그러나 민중은 권리를 얻기 위해 우선 스스로의 힘을 확신하고 신뢰해야 한다. 그는 사회에 필요한 것은 자유주의적인 청원이 아니라 혁명적인 투쟁이라고 생각했고 이를 위해 철학이 필요하다고 주장했다.

11 맑스와 엥겔스의 동지애가 시작되다

병역의 의무

엥겔스는 1841년 9월 말에 다시 고향을 떠나 베를린으로 갔다. 병역의 의무를 다하기 위해서였다. 그는 고향에 머무는 동안 사회가 크게 달라지지 않았다는 사실에 실망했다. 그는 책 속에 파묻혀 외국어, 특히 이탈리아어를 열심히 익혔다. 그는 그의 동생들과 펜싱연습을 하고 등산을 했다. 여름에는 단조로운 일상에서 벗어나 바젤과 취리히를 거쳐 이탈리아의 롬바르디아를 여행하기도 했다. 그는 여행 도중 청년혜겔파에 속한 슈트라우스가 교수직을 거부하는 사건이 있었던 취리히에서 발걸음을 멈췄다. 그는 아름다운 취리히의 호반에 감동했다.

엥겔스는 여행에서 돌아온 후 오늘날 프리드리히 엥겔스 병영이라고 불리는 베를린 쿠퍼그라벤^{Kupfergraben} 12보병연대에서 근무했다. 그는 그곳에서 6주 동안 근무한 후 사택을 구했다. 군부는 1년 기간의 자원병인 그에게 사택을 허용해주었다. 그는 병영에서 멀지 않은 도로테가 56번지에 방을 구했다. 그는 전제군주와 융커들이 정권을 장악하고 있는 국가에 봉사하는 것을 의미하는 군복무가 마음에 내키지 않았다. 그러나 그는 군에서 훗날 민중의 자유를 위한 투쟁에 대비한 응용지식을 익힐 수 있다는 희망을 품으며 스스로를 위로했다.

당시 베를린은 독일 정신의 중심지였다. 베를린은 진보적인 지식인들이 모인 곳이었고, 동시에 프로이센 반동의 요새이기도 했다. 엥겔스는 당시 30만 명이 넘는 인구가 살았던 아름다운 도시 베를린을 거닐며 군에서 강요하는 억압된 삶을 보상받았다.

반동정부를 지지한 셸링의 철학

1840년에 프리드리히 빌헬름 4세가 왕위를 계승했다. 그러나 왕은 기대와 달리 정치에 참여하려는 부르주아지의 요구를 거절했다. 이와 더불어 반봉건적인 운동이 거세게 일어났다. 부르주아지와 봉건계급 사이에 반목이 심화되었고 드디어 반동계급은 자유민주주의적인 반대세력을 탄압하기 시작했다.

베를린대학에서도 정신적인 투쟁이 고조되었다. 헤겔이 죽은 지 10년이 지났으나 그의 철학은 그때까지 베를린대학의 분위기를 주도하고 있었다. 프로이센 반동정권은 헤겔 철학의 진보적인 측면을 제압하기 위해 1841년 11월에 철학자 셸링Friedrich Wilhelm Joseph Schelling, 1775-1854을 베를린대학 교수로 임용했다. 셸링은 처음에 변증법적 자연철학을 통해 진보적인 역할을 했고, 헤겔과 자연 연구자들에게 많은 자극을 주었다. 그러나 그는 권력이 반동정권 쪽으로 기울자 기독교 정통주의에 접근했고 그것을 철학적으로 합리화하려 했다. 기독교와 야합하던 반동정권은 그에게 큰 기대를 걸게 되었다. 반동정권은 그가 청년헤겔파의 철학을 무너뜨리고 무신론자들의 입을 다물게 하리라 기대했다.

엥겔스는 1841년 11월 15일 베를린대학 제6강의실에서 열린 셸링의 첫 강의 '계시의 철학'을 들었다. 이 강의를 듣기 위해 독일과 외국에서 400여 명의 청중이 모여들었다. 셸링의 강의는 헤겔 철학에 익숙한 많은 청강생을 실망시킨 반면, 정통종교파들에게는 박수갈채를 받았다. 진보적인 청년헤겔파들은 이성적이고 필연적인 역사발전을 거부하고 기독교를 합리화하는 셸링의 철학이 자신들의 철학과 적대관계에 있다는 것을 곧 간파했다.

셸링을 비판한 엥겔스

이제 막 21세가 된 엥겔스는 청년헤겔파의 선두에 서서 셸링의 이념을 근본적으로 반박하기 시작했다. 그는 셸링을 반박하는 많은 글을 발표했다. 엥겔스는 셸링의 강의가 있은 후 4주째 되는 12월 중순에 오스발트라는 가명으로 「셸링의 헤겔론」을 신문에 발표했다. 1842년 초에는 「셸링과 계시」와 「기독교 철학자 셸링」을 잇따라 발표했다. 엥겔스에 따르면 셸링은 자신의 이익을 위해 헤겔 철학을 격하시켰다. 엥겔스는 기독교를 합리화시키려는 셸링의 시도를 단호하게 반박하면서 헤겔의 변증법을 옹호했다. 그는 헤겔의 변증법을 수정하려는 셸링의 시도를 준엄하게 비판했고 발전의 변증법적 성격과 그 필연성 및 합리성을 옹호했다.

엥겔스의 주장은 기독교를 합리화하고 신화와 계시로 후퇴하는 셸링을 이론적으로 압도했다. 그는 셸링의 철학이 스콜라주의와 신비주의로의 후퇴임을 폭로했다. 그는 셸링의 철학은 철학을 다시 신학의 시녀로 만들고 기독교를 절대 진리로 선언하려는 시도라고 주장했다. 청년헤겔파는 셸링에 대한 엥겔스의 과감한 비판을 열렬히 지지했으며 철학계와 진보적인 신문은 엥겔스를 주목했다. 기독교 정통파들은 엥겔스의 비판에 충격을 받고 엥겔스가 독일에 혁명을 유도하려는 은밀한 목표를 지니고 있다고 비난했다.

포이어바흐의 영향을 받은 엥겔스와 맑스의 만남

엥겔스는 베를린에 도착하자마자 청년헤겔파와 만났다. 1842년이 지나면서 그는 이미 관념론에서 완전히 벗어났는데 그런 사고의 발판이 된 책이 포이어바흐의 『기독교의 본질』*Das Wesen des Christentums*이었다. 포이어바흐는 독일 시민계급의 혁명적 민주운동을 이념적으로 대표하는 철학자로 봉건계급의 종교적 이데올로기를 강력하게 비판했다. 그는 그의 저술 속에서 종교뿐만 아니라 헤겔의 관념론도 거부했다. 포이어바흐에 따르면 이 둘은 세계의 참된 본질과 일치할 수 없다. 그는 자연과 인간을 유물론적으로 고찰하라고 요구했다.

세계와 인간은 신이나 절대적인 이념을 필요로 하지 않는다. 세계와 인간은 스스로에 의해서 필연적으로 존재하며 감성적이고 물질적이다. 인간은 자연 덕분에 존재하며 자연의 발전에서 나온 산물이다. 자연은 물질이 우선이며 인간의 의식에서 독립하여 존재한다. 인간과 자연 외에는 아무것도 없다. 신은 존재하지 않으며 인간이 만들어낸 산물이다. 포이어바흐는 신이 인간을 창조한 것이 아니라, 인간이 신을 자신의 모습에 따라 고안해냈다고 주장했다.

포이어바흐의 철학은 독일에서 헤겔의 관념론을 무너뜨렸다. 포이어바흐의 유물론적·무신론적·인간 중심적 철학이 진보적인 독일 지식인들 사이에서 영향력을 미치기 시작했다. 엥겔스는 포이어바흐의 영향 아래 유물론 진영으로 들어섰고 청년헤겔파의 이념에서 벗어나기 시작했다. 당시 청년헤겔파들은 이론적인 비판을 통해 봉건사회를 변화시킬 수 있다고 믿었다. 그들은 구체적이고 감각적이며 본질적인 혁명 활동과는 거리가 멀었다. 민중의 힘을 신뢰하지 않았던 이들에게는 비판, 곧 언어가 세계사를 움직이는 동인이었고 절대적인 무기였다.

엥겔스는 이론적인 비판이 실천 활동을 대신할 수 없다는 확신을 지니며 이론을 실천에 옮기는 일이 더 중요하다고 생각했다. 엥겔스는 당시 진보적인 여론을 이끌어가던 『라인 신문』에 기사를 써 봉건 반동에 단호하게 대처해야 한다고 호소했다. 그는 1년간의 군복무를 마친 후 1842년 10월 초에 베를린을 떠나 바르멘으로 되돌아왔다. 바르멘으로 가던 도중 쾰른에 들러 『라인 신문』 편집부를 방문했으나 맑스를 만나지는 못했다. 그는 11월 말에 다시 고향을 떠나 영국 맨체스터로 가서 그의 아버지를 도와 공장에서 일했다.

엥겔스는 영국으로 가면서 다시 한번 쾰른에 들렀는데 이번에는 맑스를 만날 수 있었다. 그러나 이들 사이의 첫 대면은 비교적 냉담했다. 22세의 젊은 엥겔스를 청년헤겔파의 한 사람이라고 생각해 청년헤겔파에서 멀어져 있었던 맑스는 엥겔스를 냉담하게 대했다. 맑스는 쾰른에 머물면서 영국 소식을 전해달라는 부탁과 함께 엥겔스를 떠나보냈다. 엥겔스는 『라인 신문』의 영국 통신원 임무를 수행하는 것으로 만족해야 했다.

영국에서 노동계급의 삶을 목격한 엥겔스

1842년 11월 30일, 엥겔스는 영국에 도착했다. 그는 런던을 거쳐 맨체스터로 갔다. 영국 생활은 그에게 깊은 인상을 심어주었다. 영국에는 엥겔스가 고향에서 목격한 자본주의가 더욱더 심화되고 있었다. 증기기관 발명과 방적기 도입을 통해 산업혁명이 자본주의적 생산의 기초를 이루었다. 그러나 생산력의 발전과 더불어 사회적 모순도 증가되었다. 노동계급과 부르주아지 사이의 투쟁이 더 첨예화되었기 때문이다. 자본가들은 노동자들을 마음대로 착취하고 있었고 노동자들은 이에 맞서 조직적인 투쟁을 벌였다. 이러한 노동운동의 선두에 차티스트 운동이 있었다. 이들의 슬로건은 '정치권력은 우리의 수단, 사회적 행복은 우리의 목표'였다.

엥겔스는 맨체스터에 있는 그의 아버지 소유의 면직공장에서 회계일을 맡았다. 이 당시 맨체스터는 인구 40여만 명의 전형적인 자본주의 공장 도시였다. 엥겔스는 차티스트 운동의 중심지인 맨체스

1800년대 영국 면직공장에서 일하는 어린이와 여공.

터에서 산업노동자들의 집단 투쟁을 처음으로 목격했다. 여기서 그는 자신의 철학적 이념을 삶과 연결시킬 수 있는 가능성을 발견했다. 그는 저녁마다 공개적인 토론회에 참석해 부르주아지와 노동자들의 이해관계가 얼마나 상반되는지를 인식했다. 부르주아지는 이익을 증대시키기 위해 모든 비인간적인 수단을 사용했고, 이러한 상황에서 일하는 노동자들의 삶은 비참하기 이를 데 없었다.

엥겔스는 사교모임이나 파티를 거부하고 시간이 있을 때마다 순박한 노동자들을 만나 이들의 처지를 개선할 수 있는 방법에 대해 토론했다. 노동계급의 삶과 투쟁은 엥겔스에게 훌륭한 '삶의 학교'가 되었다. 엥겔스는 차티스트의 기관 신문 『북극성』*Northern Star*의 편집자 하니*Harney*, 차티스트의 지도자 리치*Leach*와 친교를 맺었다. 또한 독일 노동운동 조직인 '정의동맹'과도 관계를 맺었다.

관념론적 세계관에서 벗어나 유물론자가 된 엥겔스

엥겔스는 맨체스터에 도착한 지 얼마 지나지 않아 메리 번즈*Mary Burns, 1821-63*를 알게 되었다. 메리는 아일랜드 출신의 소박한 공장 처녀였다. 엥겔스는 재치 있고 명랑한 메리에게 마음을 빼앗겼다. 더욱이 메리는 계급의식을 지닌 노동자였다. 그녀는 아일랜드 민중의 독립투쟁을 지지했다. 엥겔스는 메리를 통해 많은 노동자 가족을 알게 되었다. 메리와의 인연은 엥겔스가 노동자들의 처지를 과학적으로 탐구하고 노동혁명을 위한 이론가로 성장하게 되는 계기가 되었다.

엥겔스는 영국에 머무는 동안 근세의 유물론 철학과 자연과학 결과를 연구하면서 관념론적 세계관에서 완전히 해방되었다. 그는 과학적인 연구와 생활체험을 통해 철저한 유물론자가 되었다. 엥겔스는 루게와 맑스가 주관하는 『독불연보』 1844년 2월호에 「정치경제학 비판 개요」와 「영국의 처지, 토마스 칼라일의 '과거와 현재'」를 게재했다. 그리고 이 잡지의 발행이 금지된 후 1844년 8월에서 10월 사이에 『전진』이라는 신문에 「영국의 처지, 18세기」와 「영국의 처지, 영국헌법」을 발표했다. 엥겔스는 논문을 통해 부르주아 정치경제학을 분석하고 그것을 영국 상황에 비추어 비판했다. 스미스와 리카르도는 부르주아 정치경제학을 내세우며 분업과 기계화를 통한 생산력의 증대를 밝히고 노동의 역할을 강조했다. 이들은 자본주의적 사유재산의 존재를 정당화하고 계급간의 상반성이나 자본주의 사회가 자연적이며 영원한 것이라고 생각했다.

엥겔스는 부르주아 중심의 사회질서가 노동자들에게 참된 자유와 평등을 보장해주지 않는다고 결론 내렸다. 자본주의 사회에서 노동자들의 자유는 거짓 자유이며 정치적 평등은 하나의 속임수다. 엥겔스는 자본주의 사회질서가 결코 자연적이거나 영원하지 않으며, 노동자들의 단합된 투쟁을 통한 사유재산의 폐기를 통해 새로운 사회질서로 뒤바뀔 수 있다고 확신했다. 엥겔스는 생산관계의 변화를 통해 사회발전의 근본을 파악하면서 헤겔의 관념론과 포이어바흐의 인간학적 유물론을 극복했다. 그는 철학자가 비참한 사회 상태에서 눈을 돌려 순수학문에 전념하는 것을 일종의 범죄라고 생각했다.

맑스와 엥겔스의 공동저술 『신성가족』

엥겔스는 1844년 8월 말에 영국을 떠났다. 2년 동안의 영국생활은 그의 일생에 큰 전환점이 되었다. 그는 노동자들의 해방을 위해 모든 것을 바치겠다고 각오했다. 그는 독일로 돌아가는 길에 파리에 들러 맑스를 만났다. 그동안 두 사람은 『독불연보』를 매개로 편지를 주고받았고 서로가 사회문제를 세계관의 측면에서 접근하고 있음을 확인했다. 그들은 공통적으로 노동계급이 인류의 미래를 짊어진다는 확신을 지니고 성장했다. 맑스는 엥겔스의 방문이 매우 기뻤다. 엥겔스는 10일 동안 파리에 머물렀고 맑스는 엥겔스에게 파리의 동지들을 소개해주었다.

엥겔스는 프랑스 노동자들과의 토론을 통해서 노동자들이 국수주의적인 한계를 벗어나 국제적인 연대투쟁을 할 수 있다는 사실을 확인했다. 맑스는 엥겔스를 만나기 전부터 점차 보수적인 성향으로 변해가는 청년헤겔파를 비판하는 책을 집필하려 했다. 청년헤겔파들은 '절대의식'이나 '비판적 비판'의 대변자로 역사발전에서 민중의 역할을 무시하려 했다. 특히 바우어는 『라인 신문』을 비롯해 진보적인 성향을 띠는 단체들을 비판하고 나섰다.

맑스는 엥겔스에게 바우어 형제와 그 동조자들에 대한 비판적인 책자를 공동저술하자고 제안했다. 엥겔스도 순수이론에서 실천적인 결론을 이끌어내려는 바우어와 슈티르너Max Stirner, 1806-56에 대한 비판이 필요하다는 맑스의 주장에 전적으로 공감했다. 사유재산의 역할, 노동계급의 해방, 사회주의의 목적과 관련한 맑스의 연역적인 방법과 엥겔스의 귀납적인 방법은 서로 일치했다.

엥겔스는 파리에서 곧 그 일부를 저술했다. 이렇게 해서 나온 맑스와 엥겔스의 최초 공동저술이 『신성가족』이었다. '신성가족'이란 종교비판에 국한되어 현실의 구체적인 문제에 등을 돌리고 추상적인 비판에 머무르는 지식인들을 상징적으로 의미했다. 맑스와 엥겔스는 이 책에서 청년헤겔파뿐만 아니라 그 기초가 되는 헤겔 철학도 비판했다.

사회주의 운동을 지원하기 위한 강연

엥겔스는 1844년 9월 초에 프랑스를 떠나 바르멘으로 향했다. 독일에 돌아가 사회주의 운동을 적극적으로 지원하기 위해서였다. 실제로 엥겔스는 1845년 2월에 엘버펠트의 여러 집회에 참석해 강연을 했다. 그는 공상적 사회주의자들의 오류를 지적하고 영국에서 겪은 경험을 바탕으로 노동자들의 비참함을 강조했으며 자본주의 사회구조의 모순을 날카롭게 파헤쳤다. 그는 자유로운 경쟁을 기초로 하는 자본주의 사회 질서가 실제로는 무질서하며 착취를 보편화한다고 말했다. 또한 그는 만인에 대한 만인의 투쟁이며, 자신의 이익을 위해 상호 불신을 조장하고 공동이익을 훼손하는 질서라고 주장했다. 결국 빈부격차로 사회의 부가 소수의 수중에 들어가 대다수의 삶이 비참해진다는 사실을 주지시켰다.

엥겔스의 엘버펠트에서의 강연은 독일 당국을 긴장하게 했다. 당국은 더 이상의 집회를 허용하지 않았다. 엥겔스는 개별적으로 노동자들과 접촉해 사회주의 이념을 전파하려 했으나 성공을 거두지 못했다. 그는 포이어바흐에게 편지를 써 라인주에서 함께 사회주의 이념을 전파하는 활동을 하자고 권유했으나 역시 실패했다. 그 사이에 맑스도 프랑스에서 추방되어 1845년 2월 3일에 브뤼셀로 갔다. 엥겔스는 맑스와 그의 가족을 위한 모금운동을 전개했다. 엥겔스의 정치활동은 그의 아버지와 갈등을 일으키는 요인이 되었다. 엥겔스의 아버지는 종교적 광신주의가 다시 발동했다. 엥겔스는 그의 어머니가 상심할 것을 걱정해 당분간 아버지의 명령대로 회계일을 맡았다.

사회 경제현상을 노동자의 입장에서 고찰하기 위해 노력하다

엥겔스는 바르멘에서의 생활이 무척 고통스러웠다. 마침내 그는 1845년 3월 초에 본과 쾰른으로 동지를 찾아 떠났다. 4월에 엥겔스는 브뤼셀에 도착했다. 브뤼셀에서 맑스는 엥겔스에게 유물론적 역사관을 제시했다. 그 이념은 맑스가 이미 완성한 원고 「포이어바흐에 관한 명제」Thesen über Feuerbach에도 포함되어 있었다.

맑스는 출판사와 계약한 『국민경제학 비판 개요』Umrisse zu einer Kritik der Nationalökonomie를 완성하기 위해 먼저 영국을 여행하고 싶었다. 당시 맑스는 영어에 익숙하지 못했으므로 엥겔스의 도움이 필요했다. 그들은 7월 12일부터 8월 21일까지 영국에 머무르며 맨체스터에 있는 도서관에서 자료를 수집했다. 이들은 사회 경제현상을 노동자의 입장에서 고찰하려 했다. 엥겔스는 맨체스터에서 메리와 재회했고 맑스와 함께 브뤼셀로 돌아왔다. 엥겔스는 브뤼셀로 돌아오는 길에 런던에 들러 맑스에게 런던에서 활동하던 하니와 '정의동맹' 회원들을 소개해주었다.

12 자본주의 사회의 모순을 파헤치다

맑스와 엥겔스의 유물론적 세계관과 관념론적 세계관

1845년 가을에 맑스와 엥겔스는 헤겔파의 철학을 비판하는 공동 저술을 계획했다. 이 무렵 포이어바흐는 어떤 글에서 스스로를 '공산주의자'로 칭했고, '참된 사회주의자'들이 등장했으며, 바우어와 슈티르너가 기세를 부렸다. 맑스와 엥겔스는 분담집필을 통해『신성가족』을 완성했는데『독일 이데올로기』에서는 분담집필이 아니라 실제로 공동집필을 했다.『독일 이데올로기』의 제1권은 총 3장으로 구성되어 있다. 제1장에서는 '유물론적 세계관과 관념론적 세계관'이라는 제목으로 포이어바흐의 철학을 다루었고, 제2장과 제3장에서는 브루노, 바우어, 슈티르너를 비판적인 관점으로 바라보았다. 제2권은 '참된 사회주의자'들에 대한 비판을 담고 있다.

맑스와 엥겔스는『독일 이데올로기』에서 유물론적 역사관을 과학적 공산주의의 철학적 기초로 제시했다. 그들은 인간을 이러한 활동의 물질적 기초를 통해 파악하려 했다. 인간 활동은 인간과 자연의 관계를 나타내는 생산, 그리고 인간들 사이의 관계를 나타내는 사회관계로 나눌 수 있다. 그중에서도 물질적인 생산은 이 두 측면의 기초가 된다. 생산력이 사회관계를 규정한다. 물질적 생산, 사회관계, 계급투쟁은 종교·철학·도덕 등 일정한 형태의 사회의식을 발생시킨다. 의식이 삶을 규정하는 것이 아니라, 삶이 의식을 규정한다. 사회의 주도이념은 그 사회의 물질관계를 표현할 뿐이다.

청년헤겔파들은 현실을 변혁하려는 투쟁이 아니라 그것을 다르게 해석하는 데 그친다. 특히 소시민적인 슈티르너의 관념론적 세계관이 그러하다. 슈티르너는 이데올로기적 유령인 부르주아적인 법, 국가, 도덕을 무너뜨리고 인간을 모든 속박에서 해방시키기 위해 이러한 유령들을 분쇄해야 한다고 주장한다. 그러나 슈티르너는 무제한적인 이기주의로 충만한 개인의 사유재산권을 옹호한다. 결국 그의 개인은 부르주아적인 관계의 영역 안에 머무른다.

유물론적 자유개념

맑스와 엥겔스는 부르주아 사회의 기초인 사유재산이 유지되는 한 부르주아 중심의 법, 국가, 도덕이 무너지지 않는다고 생각했다. 슈티르너의 현실비판은 부르주아 사회 유지에 필요한 물질적·정치적 조건을 결코 건드리지 않는다. 슈티르너의 이상은 부르주아적 관계의 신비적이고 관념론적인 변형에 불과하다. 맑스와 엥겔스는 사유재산이 폐지되면 인간의 존엄성이 무너질 것이라는 슈티르너의 주장을 비웃었다. 사유재산을 갖지 못한 많은 사람은 다른 사람의 사유재산 때문에 창의력을 박탈당한다. 노동자는 자본주의적 질서에 대항하는 투쟁 속에서만 그들의 인격을 유지할 수 있다.

맑스와 엥겔스는 정신의 자율성이나 정신의 자유를 기초로 하는 부르주아적이고 관념론적인 자유개념 대신 유물론적인 자유개념을 제시했다. 맑스와 엥겔스는 사회에서 완전히 독립된 개인의 독자성을 부정했다. 인간의 참된 자유는 물질적인 사회관계에서 벗어나는 데 있는 것이 아니라 그러한 관계를 인식하고 그것을 지배하는 데 있다. 인류는 모든 역사발전의 단계에서 자연을 지배하고 사회관계를 조정하면서 일정한 자유를 추구했다. 그러나 인간은 사회관계의 최고 발전단계에서만 참된 사회적·정신적 자유를 실현할 수 있다.

포이어바흐의 유물론

슈티르너는 예술가의 창조적인 활동이 개인의 독창적인 능력에서 나온다고 주장했다. 맑스와 엥겔스는 이러한 관념론적 견해를 반박하고 위대한 예술가들의 창작활동이 그 시대의 구체적인 사회관계와 연관되어 있다는 사실을 규명했다. 같은 환경 속에 산다고 해서 모두가 똑같이 예술가가 되는 것은 아니지만 적어도 그 가능성은 누구에게나 존재한다. 민중 속에서 예술적 재능이 나타나지 않는 이유는 사유재산과 분업이라는 자본주의 사회구조 때문이다. 자본주의 사회에서는 일정한 집단의 사람들만이 예술 활동에 참여할 수 있는 경제적·시간적 여유를 지닌다.

맑스와 엥겔스는 유물론과 관련한 포이어바흐의 공적을 인정하면서도 동시에 그 한계를 지적했다. 포이어바흐의 유물론은 자연에만 연관되어 있고, 사회문제에는 철저하게 응용되지 않았다. "포이어바흐가 유물론자인 한 그에게서는 역사가 문제시되지 않고, 역사가 문제시되는 한 그리고 그가 역사를 고려하는 한, 그는 유물론자가 아니다. 그에게서는 유물론과 역사가 완전히 분리된다."*

포이어바흐는 자연과 자연을 둘러싼 감성세계를 영원히 동일한 세계로 간주하며 인간을 구체적인 사회관계나 실천 활동과 분리시킨다. 즉, 인간을 역사 밖에서 추상적으로 고찰한다. 그러나 인간을 둘러싼 감성세계는 역사적 산물이며 대대로 이어지는 인간 활동의 산물이다. 포이어바흐는 물론 스스로를 '공산주의자'라고 불렀지만 프롤레타리아 세계관의 혁명적 본질을 이해하지 못했다. 그는 혁명의 본질을 종교적으로만 이해했을 뿐이다.

독일 노동자 동맹 창설

맑스와 엥겔스는 브뤼셀에 머물면서 1846년 5월에 『독일 이데올로기』의 주요 부분을 완성했다. 엥겔스는 '공산주의 연락위원회' 위원으로 8월 15일에 파리로 갔다. 그는 파리의 독일 노동자 총회와 정의동맹에서 과학적 공산주의 이념을 제시했다. 그는 1847년 7월에 다시 브뤼셀로 가서 맑스와 함께 8월 말경에 '독일 노동자 동맹'을 창설했다.

그 무렵 엥겔스는 『브뤼셀 독일인 신문』*Die Deutsche-Brüsseler-Zeitung*에 기고하면서 파리 공산동맹 회원들의 위임을 받고 「공산주의의 원칙」을 작성했다. 1847년 말에 맑스와 엥겔스는 런던에서 개최된 공

* *MEW*, 3, 45.

산주의자동맹 총회에 참석했는데 여기서 총회는 이들에게 공산주의 자동맹 강령을 작성해달라고 요청했다.

『공산당 선언』의 완성

1847년 12월 17일에 엥겔스는 맑스를 따라 브뤼셀로 왔다. 여기서 이들은 공동으로 『공산당 선언』을 작성했다. 12월 말에 엥겔스는 다시 파리로 되돌아갔다. 브뤼셀 민주협회는 엥겔스에게 프랑스에서 이 협회의 대표 자격으로 활동하도록 대표 권한을 위임했다. 이 때문에 맑스가 『공산당 선언』의 대부분을 작성했다. 이 선언의 초안은 중앙위원회의 동의를 얻어 런던의 인쇄소에서 인쇄되어 4월경에 나왔다.

『공산당 선언』의 완성은 사회주의 노동운동의 역사와 밀접한 연관이 있다. 맑스와 엥겔스는 이 선언에서 노동계급의 투쟁 경험을 집약함과 동시에 이들이 그때까지 획득한 철학적 결과를 요약했다. 이 선언은 노동계급의 세계관인 변증법적·역사적 유물론을 기초로 한다. 맑스와 엥겔스는 여기에서 사회발전의 유물론적 해석, 물질적인 생산의 중요성, 역사 발전을 위한 계급투쟁의 중요성과 정치·법·철학·종교 등의 상부구조가 지니는 역할을 제시했다.

자본주의 사회의 모순

맑스와 엥겔스는 자본주의 사회의 깊숙한 모순을 밝혀냈다. 그것은 바로 증가되는 착취와 노동자의 비참함, 자본의 잔인한 경쟁, 경제공황, 소자본가의 몰락, 계급투쟁의 첨예화 등이다. 또한 부르주아 사회의 경제적·정치적 상태, 즉 자본주의적인 사유재산, 시민국가, 가족, 결혼 등에 대해서도 가차 없이 비판했다. 맑스와 엥겔스는 자본주의 사회의 인간관계가 순수한 이익 관계, 감정 없는 현금지불의 관계임을 규명했다. 그들은 자본주의 사회의 모순을 극복하는 예시로 프롤레타리아트의 사회적 혁명을 들었다. 프롤레타리아트는 혁명을 통해 족쇄 이외에 아무것도 잃을 것이 없었다. 그들은 자본가들의 무덤을 파게 될 프롤레타리아트의 필연적인 임무를 예견했다. 그것은 사유재산의 폐기를 통해서만 가능할 뿐이다. 사유재산이 사라질 때만 모든 사람의 인격이 자유롭고 창의적으로 발전될 수 있다.

엥겔스는 1890년에 나온 『공산당 선언』의 네 번째 독일어판 서문에서 이 책이 1848년 이후 노동운동의 역사를 잘 반영하고 있다고 썼다. 『공산당 선언』은 민중들이 프랑스 2월 혁명에서 승리한 때와 비슷한 시기에 씌어졌다.

프랑스 노동자들은 1848년 2월 22일부터 24일까지 3일에 걸쳐 군주제를 무너뜨리고 프랑스 제2공화국을 선포했다. 혁명의 물결은 이웃나라에도 퍼졌다. 3월 13일에 빈의 봉기가 승리했고, 18일에 베를린에서, 22일에 밀라노에서 반동군대가 격퇴되었다. 민중과 노동자는 부르주아 민주주의를 표방하는 이 혁명에 참여해 열심히 싸웠지만 권력을 장악한 계급은 자유 부르주아지였다.

반동정부 타도를 위한 엥겔스의 노력과 『신라인 신문』의 폐간

엥겔스는 프랑스혁명을 열렬히 지지했다. 그는 맑스와 함께 벨기에에서 활동하면서 독일 부르주아지의 움직임을 주시했다. 1848년 4월 초 맑스와 엥겔스는 혁명에 직접 참여하기 위해서 독일로 돌아왔다. 이들은 쾰른에서 『신라인 신문』 발행을 계획했다. 엥겔스와 다른 회원들은 이 신문의 발행에 필요한 기금을 모금하기 위해 라인주의 각 도시를 여행했다. 엥겔스는 그의 아버지에게도 지원을 받으려 했으나 헛수고였다.

1848년 6월 1일에 『신라인 신문』 제1호가 나왔다. 이 신문은 1년밖에 존속하지 못했다. 맑스와 엥겔스는 이 신문에 열심히 프롤레타리아트 정치 강령을 발표했다. 무엇보다도 이들은 권력 획득에 만족해 귀족들과 타협하려는 부르주아지의 내막을 폭로했다. 엥겔스는 파리의 6월 봉기를 보도했는데 파리의 노동자 봉기가 무참히 진압되자 그는 투쟁전략에 관해 언급했다.

파리의 6월 봉기가 실패하자 유럽에는 반동의 물결이 거세졌고 민주운동에 대한 탄압이 강화되었다. 이에 대해 『신라인 신문』은 강한 항의를 제기했다. 엥겔스는 많은 집회에 참석하여 강연을 통해 반동정책 타도를 외쳤다. 사태가 심각해지자 정부는 쾰른에 비상사태를 선포하고 『신라인 신문』을 폐간시켰다. 엥겔스는 경찰에 체포되지 않기 위해 쾰른을 떠나 바르멘으로 갔다. 엥겔스는 적당히 살라는 어머니의 간청을 물리치고 10월 3일 다시 벨기에로 떠났다.

엥겔스는 벨기에로 가는 도중에 우연히 드롱케를 만났다. 엥겔스와 드롱케가 벨기에에 도착해 호텔에 들어서자마자, 그들은 경찰에 체포되었고 다음 날 프랑스로 추방되었다. 엥겔스는 10월 5일 빈손으로 파리에 도착했다. 그는 혁명의 열기가 사그라든 파리의 분위기에 실망했다. 그는 여비가 부족한 탓에 스위스까지 걸어갔고 2주 후인 10월 말경에 제네바에 도착했다. 그는 스위스에서 노동자동맹 창설에 열심히 참여했다.

엥겔스는 1849년 1월 중순쯤 쾰른의 계엄령이 해제되고 체포될 위험이 사라지자 쾰른으로 돌아왔다. 그리고 다시 발행하기 시작한 『신라인 신문』을 통해 반동정부를 공격했다. 그로 인해 맑스와 엥겔스는 2월 7일에 법정에 서게 되었다. 이들은 언론의 자유를 열심히 강변했다. 결국 이들은 무죄 판결을 받았다.

5월로 접어들자 독일 곳곳에서 무장봉기가 일어났고 반동정부의 탄압도 강화되었다. 정부는 라인주의 봉기를 진압하고 『신라인 신문』을 폐간하기로 결정했다. 5월 16일 정부는 맑스에게 24시간 안에 프로이센을 떠나라고 명령했다. 5월 17일에는 바르멘의 봉기에 참가했던 엥겔스에 대한 체포 명령이 떨어졌다. 5월 18일에는 19일 날짜로 『신라인 신문』의 마지막 호가 나왔다. 신문은 프롤레타리아트의 투쟁 깃발을 상징하는 붉은색으로 인쇄되었다. 신문은 '노동계급의 해방'이라는 말로 끝을 맺었다.

프롤레타리아 운동을 주목한 맑스와 엥겔스

맑스와 엥겔스는 1849년 5월 19일에 프랑크푸르트를 거쳐 남독

▲ 1848년 6월 19일 자『신라인 신문』.
　이 신문은 정부의 탄압으로 1849년에 폐간되었다.

▼ 1789년부터 1795년까지 발생한 프랑스혁명.
　민중들은 자유와 평등을 외치며 봉건체제를 무너뜨리려 했다.

일로 갔다. 6월 초에 맑스는 파리로 떠났고 엥겔스는 남독일의 무장
봉기에 가담했다. 엥겔스는 빌리히 부대에서 부관으로 활약했다. 그
는 많은 전투에서 창의력과 용맹함을 발휘했지만 빌리히 부대는 프
로이센군에 밀려 스위스로 퇴각했다.

엥겔스는 7월 중순부터 10월 초까지 스위스에 머물렀는데 그 사
이 맑스는 파리에서 추방당해 런던으로 갔다. 엥겔스도 10월 6일에
제노바에서 영국행 배를 타고 11월 10일경 런던에 도착했다. 그는
1850년 11월 중순에 맨체스터로 옮겨갔다. 그는 1851년 가을에 런
던에 있는 맑스와 함께 『뉴욕 데일리 트리뷴』*New York Daily Tribune*지의
통신원 역할을 하면서 「독일의 혁명과 반혁명」이라는 연재 기사를
썼다. 이 시절에 맑스와 엥겔스는 신문과 잡지에 기사를 쓰고 국제
적인 프롤레타리아운동에 관심을 가지면서 각자의 연구에도 전념
했다.

엥겔스 아버지의 죽음

엥겔스는 맨체스터에 기거하는 20년[1850-70]동안 그의 아버지 회
사에서 회계일을 해야 했고, 학문적인 연구를 계속해야 했으며, 열
심히 기사를 써야 했다. 그 모든 일은 엄청난 정신력과 체력을 요했
다. 그러나 엥겔스는 그 일들을 거뜬히 해냈다. 그는 '장군'이라는
별명이 어울릴 정도로 체격이 좋고 건강했다. 또한 그는 항상 운동
을 게을리 하지 않았고 무엇보다 승마를 좋아했다. 여행도 좋아해
서 덴마크, 벨기에, 룩셈부르크, 독일 등으로 여행을 했다.

엥겔스는 1860년에 그의 아버지가 위독하다는 소식을 들었다. 엥겔스는 아버지와 관계가 좋지 않았지만 즉시 고향으로 달려갔다. 그러나 엥겔스는 독일에 들어갈 수 없었다. 그의 어머니는 엥겔스가 2주간 그의 아버지를 방문할 수 있도록 당국에 입국 허가 신청을 했다. 독일 입국 허가가 나왔을 때는 이미 엥겔스의 아버지가 사망한 후였다. 엥겔스의 아버지는 3월 20일에 운명했고, 엥겔스는 22일에야 바르멘으로 갈 수 있었다. 엥겔스는 외국에 머물렀기 때문에 아버지의 유산을 거의 물려받지 못했다. 그는 4월 6일까지 고향에 머물렀다.

메리의 죽음과 엥겔스의 결혼

1863년 1월 7일에 엥겔스의 동반자인 메리가 갑자기 사망했고 1864년 5월 9일에 그의 절친한 친구 볼프가 사망했다. 엥겔스는 갑작스런 운명의 충격에도 결코 마음이 약해지지 않았다. 엥겔스는 1864년에 맑스와 함께 국제노동자연합인 '제1인터내셔널' 창립에 적극 가담했다. 이들은 이 조직을 통해 프롤레타리아트의 계급의식을 촉진시키려 했다.

메리가 죽은 후 엥겔스는 메리의 여동생 리디아 번즈^{Lydia Burns,} ¹⁸²⁷⁻⁷⁸를 반려자로 맞았다. 리디아는 그녀의 언니 못지않은 혁명적인 기질을 지닌 여자로서 당시 맨체스터의 한 공장에서 일하고 있었다. 리디아는 아일랜드 독립을 위한 운동단체의 일원으로 그녀의 언니처럼 매우 명랑하고 정열적인 성격의 소유자였다. 엥겔스는 1869년 초에 리디아와 함께 아일랜드를 방문했다. 엥겔스는 1870년 9월 20일경에 회사를 그만두고 리디아와 함께 맑스가 살고 있는 런던으로 이사했다. 엥겔스는 리디아가 죽기 하루 전인 1878년 9월 11일에 그녀와 공식적으로 결혼했다. 엥겔스는 그때까지 부르주아들이 추구하는 결혼에 큰 가치를 두지 않았지만 종교 신자였던 리디아의 마지막 소원에 따라 부르주아식 결혼을 올렸다.

13 『자본론』 집필에 사명감을 느낀 엥겔스

공리주의 입장에서 해석한 자연과학

엥겔스는 런던으로 이사한 후 그의 가장 중요한 저서 『자연변증법』*Naturdialektik*을 수정하기 시작했다. 그는 19세기 중반까지 축적된 자연과학의 중요한 인식들을 변증법적·유물론적으로 보편화하고 자연과학의 형이상학적이고 관념론적인 견해들을 축출하려 했다. 그는 이 시기의 이념적 논쟁들과 관련한 이 문제의 해결을 매우 중요하게 여겼다.

19세기 중반에 자연과학에 대한 합리적·계몽적 태도가 공리주의적인 입장으로 넘어가기 시작했는데, 특히 실증주의와 속류 유물론에서 그것이 잘 드러났다. 이들은 철학과 자연과학 사이의 상호관계에 관한 문제를 들고 나섰다. 독일에서 속류 유물론을 대표하는 포크트*Karl Vogt, 1817-95*, 뷔히너, 몰레쇼트*Jacob Moleschott, 1822-93* 등은 실증주의의 창시자인 프랑스의 콩트와 비슷한 입장에서 변증법을 실증과학에 끼어든 사변적이고 형이상학적인 '환상'으로 낙인찍었다. 속류 유물론자들은 무용한 형이상학적 노력 대신에 자연의 실재와 그 인식 가능성에 대한 기본적인 신뢰가 바탕이 되어야 한다고 주장했다.

과학은 관념론적이거나 유물론적이 아니며 단순히 자연적이라는 뷔히너의 명제는 과학 자체가 철학이라는 콩트의 명제와 걸맞는다. 이들은 다 같이 자연과학과 그 발견 속에서 유물론, 감각주의, 진화 이념 등이 증명되었다고 생각했다. 새로운 발견의 참된 변증법적 내용이 이들에게는 아직 알려지지 않았다. 엥겔스는 속류 유물론이나 실증주의에 맞서 근대과학의 성과에 대한 변증법적이고 유물론적인 이해를 정립해야 할 필요성을 느꼈다. 엥겔스는 역사 속에서와 마찬가지로 자연의 변화 속에도 변증법적인 발전 법칙이 지배하고 있다고 확신했다.

통합된 프롤레타리아 당 창설을 위한 준비

엥겔스는 『자연변증법』에 대한 작업을 두 단계로 나누고 1873년 5월부터 3년 동안 열심히 자료를 모았다. 그는 철학과 자연과학의 관계에 대한 착상을 정리하고, 물질운동의 주요 형식을 구분했다. 또한 자연 속에서의 변증법적 법칙과 범주의 작용을 찾아내고, 자연과학에 변증법적·유물론적 방법이 불가피함을 논증했다. 엥겔스는 주요 명제 대부분을 이 시기에 만들었다. 그는 1875년부터 1876년 사이에 자료들을 체계적으로 서술했다. 그는 「서문」에서 자연과학의 역사적 단계를 다루었고 세계 및 인간사회의 발전과 변화에 대한 자신의 견해를 표명했다. 그는 이 시기에 「원숭이의 인간화에 있어서의 노동의 역할」이라는 논문을 썼는데 이 논문은 나중에 자연변증법에 포함되었다.

엥겔스는 1876년에 『자연변증법』 저술을 잠시 중단했다. 뒤링^{Karl} $^{Eugen Dühring, 1833~1921}$의 '사이비 사회주의론'에 대한 비판 작업이 더 절박한 과제였기 때문이다. 이와 함께 실천적인 문제도 나타났다. 1870년대 초반 사회주의 운동에 적극적으로 참여했던 독일 노동자들 사이에 사회민주당과 범독일 노동자연맹을 통합시키려는 움직임이 있었고 맑스와 엥겔스는 독일에 통합된 프롤레타리아 당을 창설해야 한다고 확신했다. 그러나 그러한 통합은 과학적 공산주의를 기초로 이루어져야 했기 때문에 신중한 이념적·정치적 준비 단계가 필요했다.

뒤링의 사회주의 이념

1873년에 사회민주노동당 지도부에서 라살레주의자들과 통합하려는 움직임이 나타났는데 엥겔스는 베벨에게 보낸 편지에서 우려를 표명했다. 라살레주의자들의 이념과 실천이 기회주의적인 성격을 지녔기 때문이다. 엥겔스와 맑스의 우려에도 사회민주노동당 지도부는 1875년 5월 하순 고타^{Gothaer} 총회에서 통합 강령을 발표했다. 그 이후 독일 사회민주주의 운동의 이론 수준이 전반적으로 저하되었다. 라살레주의자들은 통합된 정당에서 그들의 소시민적인 견해를 관철하려 했다.

독일 노동운동에는 사회주의를 표방하는 이념들이 혼란스럽게 뒤

섞였다. 특히 많은 사람이 베를린대학의 강사였던 뒤링의 견해를 주목했다. 뒤링은 강의와 저술을 통해 소시민적이고 반동적인 사회주의 이념을 전파하고, 그것이 가장 새롭고 발전된 이념이라고 주장했다. 뒤링의 이념은 프리체 Friedrich wilhelm Fritzsche, 1825-1905, 베른슈타인 Eduard Bernstein, 1850-1932 등 독일 사회민주파의 지지를 받았다. 뒤링은 맑스를 향해 거친 비판의 포문을 열었다. 이제 독일 노동자당의 이념적 기초를 굳건하게 정립하기 위해 맑스와 엥겔스가 나서지 않으면 안 되었다.

뒤링을 비판한 엥겔스

엥겔스는 우선 뒤링을 비판하는 기사를 썼다. 그는 체계적인 비판이 필요하다고 느껴 기사를 총괄하고 보충해 1878년에 『오이겐 뒤링 씨의 과학변혁』 *Herrn Eugen Dührings Umwälzung der Wissenschaft* 이라는 제목의 책을 출간했다. 그것이 바로 『반뒤링론』 *Anti-Dühring* 이다. 이 책에는 30여 년간에 걸친 맑스주의의 발전 과정이 집약되어 있다. 엥겔스는 여기서 맑스주의의 가장 중요한 명제를 해설하고 옹호했을 뿐만 아니라 새로운 원칙을 규명했다. 또한 그는 자연과학의 새로운 성과를 이용했다.

『반뒤링론』은 '철학' '정치경제학' '사회주의' 세 분야로 나뉘는데 그것이 바로 맑스주의 철학의 세 가지 요소를 형성한다. 이 책은 철학적인 저술이다. 철학의 당파성을 철저하게 주장하는 엥겔스는 철학에서 중도노선을 찾아내면서 유물론과 관념론 사이의 원칙적인 상반성을 희석시키려는 뒤링의 시도를 비판했다.

맑스의 죽음과 엥겔스의 저서 『가족, 사유재산, 국가의 기원』

1878년에 엥겔스의 부인이 죽은 후 부인의 조카딸이 엥겔스의 집안일을 도맡아 했다. 엥겔스는 맑스의 집 가까이 살았고 둘은 거의 매일 만났다. 1881년 12월 2일에 맑스의 부인 제니가 사망했다. 평생의 성실한 반려자를 잃은 맑스는 큰 충격을 받아 몸이 쇠약해졌다. 맑스는 엥겔스와 다른 친구들의 권유로 남프랑스와 스위스로 휴양을 떠났다. 그러나 맑스는 1883년 3월 14일에 영면했고 3일 후 런던 교외에 있는 하이게이트묘지에 묻혔다. 맑스의 장례식에서 엥겔스는 "그의 이름이 영원히 살아 있을 것이며 그의 저술도 영구불멸하리라"는 말로 조사를 끝맺었다.

엥겔스는 맑스가 죽기 전부터 맑스의 경제학 연구에서 나타난 새로운 결과에 큰 관심을 기울였다. 맑스가 죽은 뒤 엥겔스는 『자본론』 제1권의 세 번째 독일어판 「서문」을 썼다. 엥겔스는 1884년에 『가족, 사유재산, 국가의 기원』*Der Ursprung der Familie, des Privateigentums und des Staats*을 취리히에서 발간했다. 1885년에는 맑스의 『철학의 빈곤』*Misère de la philosophie*이 엥겔스의 「서문」과 함께 나왔다. 『가족, 사유재산, 국가의 기원』은 모건*Thomas Hunt Morgan, 1866-1945*의 연구결과를 토대로 유물론적 역사를 파악한 책이다. 엥겔스는 맑스가 이미 정리해놓은 요지와 모건의 저술을 기초로 자신의 생각을 기술했다.

모건은 북아메리카 인디언들의 고대 사회구조를 연구해 인류가

야생시대에서 야만시대로, 그리고 다시 문명시대로 발전했으며 그 발전 요인이 생산이라는 사실을 제시했다. 엥겔스는 원시공동체 사회, 노예제 사회, 봉건제 사회의 특성을 자세하게 분석했다. 그는 가족과 혈연이 사회 형성에 미치는 영향, 사유재산이 계급사회에 주는 영향, 국가의 기원과 본질을 규명했다. 철저한 유물론자이자 변증법자인 엥겔스는 가족의 형태가 생산방식에 따라 변화한다는 사실을 주목했다.

모계 중심의 원시공동체 사회가 무너지고 사유재산이 발생하면서 가부장적인 일부일처제가 정착되었다. 그러나 일부일처제는 경제적 권한을 지닌 가장에게 다른 가족 구성원, 즉 부인과 자녀가 종속된다는 사실을 의미한다. 자본주의 사회에서도 그것은 변함이 없다. 자본주의 사회에서는 남녀가 서로 동등한 위치에서 합리적인 결혼을 하는 것처럼 보이지만 실제로 남자는 그의 경제력에 따라 윤리적으로 문란한 행위를 할 수 있다. 남녀 간의 참다운 결합은 화폐가 인격을 대신하지 않는 경제적으로 평등한 사회에서만 가능하다.

『자본론』에 사명감을 느낀 엥겔스

엥겔스는 말년의 10여 년간을 외면적으로 고독하게 살았다. 맑스가 죽은 후 맑스의 집안일을 일생 동안 돌보아주었던 하녀 데무트 Helene Demuth, 1820-90가 엥겔스의 집안일을 도와주었다. 엥겔스는 내면적으로는 고독하지 않았다. 우선 그는 맑스의 『자본론』을 계속 출간하는 일에 큰 사명감을 느껴 맑스와 정신적으로 대화하면서 경제 문제를 정리했다. 다음으로 그는 국제 노동운동단체와 계속해서 관계를 맺었고 이념적으로 그들을 도와주었다. 그는 유럽과 미국으로 가서 노동자들을 직접 만나기도 했다. 그는 미국의 프롤레타리아가 단합된 힘을 과시하도록 최선을 다해 도와주었다. 각국의 노동당과 노동단체들은 그에 대한 보답으로 엥겔스의 70번째 생일날 엥겔스에게 축전을 보냈다.

엥겔스는 저술활동을 멈추지 않고 계속했다. 1888년 「역사에 있어서 폭력의 역할」Die Rolle der Gewalt in der Geschichte, 1890년 「러시아 제국주의의 외교정책」Die auswärtige Politik des russischen Zarentums, 1891년 「독일에서의 사회주의」Der Sozialismus in Deutschland, 1893년 「유럽은 군비축소를 할 수 있는가」Kann Europa abrüsten?, 1894년 「원시기독교의 역사」Zur Geschichte des Urchristentums 및 「프랑스와 독일의 농민문제」Die Bauernfrage in Frankreich und Deutschland 등의 논문이 대표적인 예다.

엥겔스는 70세가 넘어서도 몸과 마음이 매우 건강했다. 그는 죽을 때까지 맑은 정신을 지니고 있었다. 그는 특히 기억력과 집중력이 뛰어났다. 굳건한 정신력과 검소한 생활은 국제적인 노동자를 후견해주는 '장군'의 면모를 잘 보여주었다. 혁명적인 노동자들은 엥겔스에게 지식과 경험뿐만 아니라 강인한 투쟁정신, 역사적 낙관주의, 필승의 신념 등을 배웠다. 그들은 엥겔스에게 항상 조언을 구했을 뿐만 아니라 급한 경우 물질적인 도움도 요청했다. 엥겔스는 검소하게 살면서 절약했지만 노동단체나 운동가들에게는 돈을 아끼지 않았다.

엥겔스는 1894년 10월 초에 리전트 공원 가$^{Regent's\ Park\ Road}$ 112번 지에서 41번지로 이사했다. 그의 비서였던 카우츠키$^{Karl\ Johann\ Kautsky,}$ $^{1854-1938}$의 첫째 부인 루이제^{Louise}가 의사 프라이베르거^{Freyberger}와 재혼을 해서 아이를 임신했는데 그녀의 출산일이 가까워졌기 때문 이다. 엥겔스는 자신의 집을 이들에게 양보했다. 새집으로 이사한 엥겔스는 일요일 점심에 동지들을 집으로 초대해 대화를 나누었다. 엥겔스의 74번째 생일날 『자본론』 제3권이 출간되었고 많은 사람 이 생일과 출간을 함께 축하해주었다.

엥겔스의 죽음

엥겔스는 1894년 이후 점점 쇠약해졌다. 그는 1895년 5월 초에 편도선염과 불면증으로 고생했다. 6월 초에는 다소 회복되어 그는 그가 사랑했던 이스트번에서 친구들을 만났다. 엥겔스는 자신의 고 통을 차분함과 유머로 이겨냈다. 그는 7월 23일에 이스트번에서 맑 스의 차녀인 라파르그$^{Laura\ Lafargue}$에게 마지막 편지를 썼다. 다음 날 그는 건강상태가 악화되어 런던에 있는 병원으로 옮겨졌다. 엥겔스 는 1895년 8월 5일 오후 10시 30분경에 눈을 감았다. 위대하고 화 려한 삶을 살았던 엥겔스는 유물론자답게 죽음을 매우 침착하고 편 안하게 맞이했다. 물질에서 온 인간의 생명이 다시 물질로 돌아가 는 것이 죽음이기 때문이다.

엥겔스는 1893년 7월 29일 취리히로 여행을 떠나기 전에 이미 유언장을 써놓았다. 그는 1894년 11월 14일에 유언 집행자에게 편지를 썼고, 1895년 7월 26일에 유언을 보충했다. 그는 유언 집행자로 무어George Edward Moore, 1873-1958, 베른슈타인, 루이제, 카우츠키 등을 지목했다. 그는 자신의 전 재산을 라우라, 엘레노어와 루이제에게 유산으로 물려주었다. 그는 이미 사망한 맑스의 딸 예니의 아이들도 고려했다. 그는 1894년 11월 14일에 라우라와 엘레노어에게 보낸 편지에서 이들이 물려받은 8분의 1에 해당하는 엥겔스의 재산 중에서 3분의 1을 이 아이들을 위해 사용해달라고 부탁했다. 또 그는 부인의 조카딸 메리를 위해서도 상당한 액수의 현금을 남겨놓았다.

엥겔스의 장례식

엥겔스는 자신의 저술과 연관해 그가 보관하고 있던 맑스의 친필 원고와 편지들을 맑스의 법적인 유산 집행자 엘레노어에게 주었다. 또한 자신의 원고 및 맑스와 교환한 편지들을 베벨과 베른슈타인에게 주었고. 라파르그, 아벨링, 프라이베르거와 친지에게서 온 편지는 발신인에게 되돌려주었다. 엥겔스는 자신의 모든 책과 저작권, 천 파운드의 돈을 베벨과 징거Paul Singer, 1844-1911가 대표로 있는 독일사회민주당에 기증했다.

엥겔스는 1894년 11월 14일 유언 집행자에게 보낸 편지에서 자신의 유해는 화장해 바다에 뿌려달라고 부탁했다. 엥겔스의 소원대로 엥겔스의 장례식은 조용히 진행되었다. 그의 장례식은 1895년 8월 10일 워털루 철도 정거장 대합실에서 거행되었으며, 대합실은 노동단체에서 온 화환으로 뒤덮였다. 장례식이 끝나고 엥겔스의 유해는 런던의 한 화장터에서 화장되었다. 8월 27일에 엘레노어와 아벨링, 레스너, 베른슈타인이 엥겔스의 유골단지를 들고 이스트번으로 가 그의 유해를 바다에 뿌렸다. 한 철학자의 영혼이 오늘날까지 푸른 파도 속에서 넘실거리며 이렇게 외치고 있다. "만국의 노동자여! 단결하라!"

제 4 부

과학적 사회주의 철학

14 과학적 사회주의 철학의 근원

맑스주의의 탄생

맑스와 엥겔스가 공동으로 또는 독자적으로 작업한 과학적 사회주의 철학은 일반적으로 맑스주의Marxismus라 불린다. 우리는 여기서 이 철학을 상황에 따라 '맑스주의' '맑스와 엥겔스의 철학' '과학적 사회주의 철학'이라 부르기로 하자. 이를테면 후기 부르주아 철학자들의 맑스주의 비판을 다루는 경우도 있고, 맑스와 엥겔스의 공동 작업을 강조하는 경우도 있고, 이들의 철학과 공상적 사회주의와의 차이점을 부각시켜야 하는 경우도 있다. 그러나 그 의미에는 큰 차이가 없다.

맑스주의는 맑스와 엥겔스의 천재적인 영감에서 만들어진 것이 아니다. 이들은 이전에 나타난 사상을 창조적으로 발전시켜 노동운동을 이끌어갈 철학을 만들어낸 것이다. 레닌은 맑스주의가 형성된 세 가지 근원으로 ① 칸트에서 포이어바흐에 이르는 독일 고전철학, ② 애덤 스미스가 중심이 되는 영국의 고전경제학, ③ 프랑스의 공상적 사회주의를 들고 있다.* 청년 맑스와 엥겔스는 헤겔의 법철학

* V. I. Lenin, *Drei Quellen und drei Bestandteile des Marxismus*, Berlin, 1987, S.7f.

논쟁과 포이어바흐의 유물론 논쟁을 통해 변증법적 유물론을 만들어 냈다. 초기에 맑스는 엥겔스의 도움을 받아 경제문제에 눈을 돌렸고 자본주의 경제의 모순을 파헤치면서 필생의 작업인『자본론』을 완성했다. 그들은 이전의 공상적 사회주의자들의 이념을 연구하면서 사유재산의 폐지를 위한 과학적인 방법의 혁명이론을 만들어 냈다.

"맑스와 엥겔스는 알려진 것처럼 단번에 변증법적 유물론 및 과학적 공산주의의 창시자는 물론 유물론자와 공산주의자가 된 것이 아니다. 맑스와 엥겔스는 활동 초기에 관념론자였으며 혁명적 민주파였고 헤겔학파의 좌익에 속했다. 그들은 후에 포이어바흐의 영향을 받아 관념론에서 벗어났다. 맑스와 엥겔스의 공동저술인『신성가족』[1845]에서는 포이어바흐의 영향을 받은 유물론을 엿볼 수 있다. 그들은 이 저술을 통해 변증법적 유물론자와 공산주의자의 면모를 보여준다. 이러한 영향은 맑스의『경제학-철학수고』[1844]에서 더 두드러진다. 물론 이 저술에도 변증법적 유물론과 역사적 유물론, 그리고 과학적 공산주의의 근본명제가 이미 근본적으로 포함되어 있다. 맑스는 과학적 사회주의 철학을 완성한 첫 저술『철학의 빈곤』과『공산당 선언』을 통해 초기 관념론을 완전히 극복했다."[*]

변증법적 유물론

과학적 사회주의 철학은 철학이론, 경제·사회이론, 과학적 공산주의 이론이라는 세 요소로 구성되어 있으며 철학이론의 두 핵심은

* T.I. Oiserman, *Die Entstehung der marxistischen Philosophie*, Berlin, 1965, S.12f.

변증법적 유물론과 역사적 유물론이다. 엥겔스는 매우 겸손하게 두 사람의 공동 작업에서 주역을 담당한 사람은 맑스이고 자신은 제2 바이올린 연주자처럼 보조역할밖에 하지 않았다고 말했으나 이들의 모든 저술에는 두 사람의 혼이 함께 숨 쉬고 있다. 말년에는 작업속도에 따라 맑스는 주로 정치·경제 분야에, 엥겔스는 철학 분야에 집중하며 항상 서로의 의견을 참조했다.

변증법적 유물론은 자연의 인식과 의식, 물질의 관계를 규명한 과학적 사회주의 철학이다. 엥겔스는 모든 철학의 근본적인 문제가 사유와 존재의 관계라는 것을 전제로 관념론과 유물론의 관계를 명확하게 정의했다. "정신에 대한 자연의 근원성을 주장한 사람들, 즉 어떤 방식으로든 세계 창조를 가정하는 사람들은 관념론의 진영을 형성했다. 반면에 자연을 근원적인 것으로 간주하는 사람들은 유물론의 각종 학파에 속한다."*

엥겔스에 따르면 이 문제에 관한 논쟁은 포이어바흐의 유물론에서 일단락되었다. 즉 유물론의 승리로 끝났다. 그러나 맑스와 엥겔스는 포이어바흐가 헤겔의 장점인 변증법적 발전을 소홀히 다루면서 물질적인 자연을 너무나 정태적인 상태에서 고찰했다고 비판한다. 자연은 총체적으로 변화의 과정에 있는데 포이어바흐는 고정된 상태에 더 주목했다. 맑스와 엥겔스는 포이어바흐의 유물론에 헤겔의 변증법을 적용시켰고 그렇게 해서 나타난 것이 변증법적 유물론이다. 변증법적 유물론에 따르면 세계의 근원은 물질적인 것이며 그것은 계속해서 변증법적으로 발전한다. 변증법적인 유물론은 한

* *MEW*, 21, 274.

편으로는 관념론에 대한 거부이고 다른 한편으로는 기계적이고 형이상학적인 유물론에 대한 거부다. 여기서는 변증법의 반대개념이 형이상학으로 규정된다. 그러므로 포이어바흐를 포함한 이전의 유물론은 헤겔의 관념론 못지않게 비판받는다.

역사적 유물론

맑스와 엥겔스는 유물론과 변증법을 자연의 이해뿐만 아니라 사회와 역사의 이해에도 적용했는데 그것이 역사적 유물론 또는 유물사관이다. 유물사관은 일종의 역사철학이다. 역사철학은 역사발전의 법칙을 추출하는 철학연구의 한 분야다. 역사에는 개인, 국가, 민족의 흥망성쇠를 비롯한 많은 사건이 혼합되어 있다. 역사철학은 이러한 사건이 우연히 일어나는가 아니면 어떤 법칙에 따라 일어나는가를 밝히려 한다. 역사의 발전 법칙이 없거나, 그것이 있다 할지라도 인식이 불가능하다면 인간사회나 역사에 대한 학문이 성립될 수 없다. 학문은 자연이나 사회 또는 인간의식의 영역에서 나타나는 법칙과 경과를 연구하는 것이기 때문이다.

우리는 역사의 발전법칙이 존재할 때만 사회와 연관된 어떤 목표를 세울 수 있고 합리적인 행동을 할 수 있으며 미래를 예견할 수 있다. 유물사관은 역사발전을 이끌어가는 보편적인 법칙의 가능성을 인정하며 그것을 유물론적인 철학으로 규명하려 했다.

하부구조가 상부구조를 결정한다고 주장한 맑스와 엥겔스

역사발전은 사회발전을 기초로 한다. 맑스와 엥겔스도 먼저 사회구조를 과학적으로 분석했다. 그들은 사회는 물질적인 하부구조 또는 토대^{생산관계}와 그 위에 형성되는 상부구조^{법·정치·도덕·예술·철학·종교} 등로 구성되어 있다는 사실을 알아냈다.

관념론 철학자들은 상부구조가 하부구조를 결정하는 주요한 요인이라고 생각했다. 주관적 관념론자들은 객관적 존재를 인간 의식이 만들어낸 산물이라고 주장했고 객관적 관념론자들은 이데아나 절대이성 같은 정신적인 실체를 가정했다. 그러나 유물론에서는 그것이 철저하게 부정되고 남는 것은 자연과 인간이다. 자연은 인간이 노동을 통해 변화시키는 대상이고 인간은 자연과 역사를 변화시키는 주체다. 인간의 본질은 노동에 있다. 노동 속에서 사회가 형성되기 때문이다.

맑스와 엥겔스는 인류의 역사를 이끌어가는 주요 요인이 이념이라는 관념론자들의 주장에 맞서 사회의 경제관계, 즉 하부구조가 상부구조를 결정하면서 역사를 변화시킨다고 주장한다. 생산관계를 직접 반영하는 정치적 이념과 법뿐만 아니라 예술, 종교, 도덕, 철학 등도 생산방식의 발전에 의존한다. 이런 의미에서 맑스는 "인간의 의식이 인간의 존재를 결정하는 것이 아니라 인간의 사회적 존재가 인간의 의식을 결정한다"*고 말했다. 이 말은 개인의 의식뿐만 아니라 사회의식에도 해당된다.

물론 모든 이념이 그 시대의 현실을 직접 반영하여 발생하는 것

* *MEW*, 13, 9.

은 아니다. 사회는 이전 세대의 이념을 전수받기도 한다. 그러므로 새로운 시대에도 아직 낡은 이념이 통용된다. 노예제 사회나 봉건 사회를 반영하여 발생한 종교나 도덕이 오늘날까지도 유지되고 있는 것처럼 말이다.

이러한 이념들은 한 사회를 주도하는 지배계층의 이해관계에 따라 발생하고 전수된다. 현실과는 완전히 거리가 먼 환상적인 이념들도 인간을 옭아매는 족쇄가 된다.

역사의 최종적인 동인을 찾아내려는 유물사관

자신의 사고와 행동으로 역사를 바꾸었다는 주장과 더불어 역사 발전의 최종원인이 이념이라고 주장하는 관념론자들이 있다. 우리는 이러한 주장이 정당한지를 해명하기 위해 먼저 위인들이 왜 그리고 어떻게 등장했는지 살펴볼 필요가 있다.

위인들은 시대적인 조건을 다른 사람보다 더 잘 파악하고 이용할 줄 알았다. 천재적인 영감이나 초능력이 이들을 위인으로 만든 것이 아니다. 헤겔은 절대정신이 위인을 선택했다고 주장하지만 절대정신도 신과 마찬가지로 인간이 상상해낸 산물에 불과하다. 실제로 존재하는 것은 물질적인 조건이다. 맑스와 엥겔스는 노동자의 처지에서 그들의 이해관계를 잘 이해하고 표현했기 때문에 위대한 역할을 했다고 인정받는다.

그러므로 역사의 흐름을 객관적으로 파악하기 위해서는 위대한 인물들의 사상이나 성격, 생애, 저술 등을 연구하는 것만으로 충분하지 않다. 엥겔스는 "사람을 움직이는 모든 것도 그들의 두뇌를 통과해야 하지만 그것이 이 두뇌 속에서 어떤 형태를 취하는가 하는 것은 크게 주위 환경에 의존한다"*고 말했다. 인간 행동을 이끄는 정신적 요인은 역사발전의 최종적 동인이 될 수 없다. 정신적인 요인 뒤에는 보다 강렬한 힘이 작용하고 있기 때문이다.

과학적 사회주의 철학은 인간의 사유, 느낌, 의지를 벗어나 그 자체로 존재하는 자연과 역사의 현상들을 '물질적 현상'이라 부른다. 물질적 현상 속에서 역사의 최종적인 동인을 찾아내려는 역사관이 유물사관이다. 유물사관은 사회생활의 물질적 조건 가운데서 어떤 것이 역사발전의 결정적 요인인지를 해명하려 한다. 우리는 물질적 요인으로 ① 지리적·기후적 관계, ② 인구밀도 관계, ③ 생물학적 관계^{인종 등}, ④ 생산관계 등을 생각할 수 있다. 유물사관은 이 가운데 가장 결정적 요인이 생산관계라고 주장한다.

* *MEW*, 21, 298.

15 진정한 자유를 위한 혁명

인간의 노동과 착취

인간이 동물과 구분되는 특징은 무엇인가? 관념론 철학자들은 그것이 이성이라고 주장하지만 맑스와 엥겔스는 노동이라고 대답한다. 인간은 노동을 통해 동물의 상태에서 벗어나 인간이 되었으며 이성은 이러한 노동과정에서 발생한 특징이다. 그러므로 노동방식의 변화에 따라 사회와 역사도 변한다.

인류의 역사는 고대, 중세, 근세, 현대 등 여러 단계로 구분할 수 있다. 이러한 시대는 어떤 특징으로 구분하는가. 유물사관에 따르면 그것은 일정한 생산방식이다. 그것은 기후적·지리적·생물학적·인종적 조건과 직결되지 않는다. 그러므로 사회의 물질생활을 생산하는 방식이 역사발전의 결정적인 기초가 된다. 인간은 삶에 필요한 물건들을 획득하기 위해 도구와 기계를 사용한다. 이것이 생산도구다. 생산을 위해서는 인간과 생산도구가 필요하다. 인간은 생산도구를 사용할 줄 알아야 하고 그것은 일정한 노동경험을 통해 얻을 수 있다.

우리는 생산경험과 생산도구를 지닌 인간을 생산력이라 부른다. 생산도구는 처음에 매우 거칠고 단순했으나 차차 발전했다. 생산도구의 발전과 더불어 노동이 변화했고 인간은 노동경험과 주위 세계에 대한 지식을 넓혀갔다.

생산도구만 변화한 것이 아니라 생산력도 함께 변했다. 인간은 생산력의 발전단계에서 공동작업, 물건의 교환, 장사 등을 통해 서로서로 관계 맺는다. 생산의 발전은 일정한 발전단계에서 노동자가 삶의 유지에 필요한 것 이상을 생산하게 했다. 과학적 사회주의 철학은 노동자가 만든 재화의 가치를 노동자가 소유하는 대신 노동을 하지 않은 다른 사람이 대가를 지불하지 않고 빼앗아가는 것을 착취Ausbeutung라고 부른다. 착취는 재산이나 생산수단을 빼앗는 수탈과 다르다.

역사발전을 생산양식으로 파악한 유물사관

재생산관계는 재화의 생산을 둘러싸고 맺어지는 인간의 모든 사회관계다. 생산관계는 생산수단의 소유관계, 노동관계, 분배관계를 포함한다. 그중에서도 가장 중요한 것이 소유관계다. 원료, 공장, 토지 등을 소유한 사람이 노동자가 생활수단을 벌어들이는 방법을 결정하기 때문이다. 고대에서 노예와 노예주의 관계는 사물과 소유주의 관계와 유사했다. 노예주는 노예를 마음대로 사고팔 수 있었다. 중세의 봉건귀족은 토지의 소유자였고 토지에 소속된 농노들의 주인이었다. 현대 자본주의 사회에서 자본가는 생산수단을 소유하고 노동자는 생필품을 얻기 위해 자본가에게 임금을 받고 노동력을 판다. 노동경험을 가진 인간, 생산도구, 생산수단의 소유관계, 분배관계 등이 '생산양식'을 이룬다. 다시 말해 우리는 생산력과 생산관계를 생산양식이라 부른다.

유물사관은 역사발전의 요인을 생산력과 생산관계의 변증법적 과정으로 파악하면서 생산력의 발달에 따라 생산관계가 변한다는 역사의 필연적인 법칙을 제시한다. 생산력은 생산관계의 발전을 규정한다. 끊임없이 증대되는 생산력과 상대적으로 안정된 생산관계 사이에 모순이 발생하며 심화된다. 그 모순은 낡은 생산관계가 증대된 생산력에 조응하는 새로운 생산관계로 교체됨으로써 해결된다. 생산관계는 생산력 발전에 능동적으로 영향을 미치고 새로운 생산력이 촉진된다.

원시공동 사회와 노예제 사회의 몰락

유물사관은 이러한 법칙에 따라 지금까지의 역사발전을 다음과 같이 구분한다. 인류 최초의 역사는 원시공동 사회에서 출발했다. 원시공동 사회에서는 낮은 생산력으로 인해 집단노동이 이루어졌다. 원시공동 사회의 생산관계 특징은 생산수단의 공동소유와 생산물의 공동분배이며 오늘날 이 사회는 '원시공산제' 사회라 불리기도 한다. 이 시기에는 사유재산이 없으므로 계급도 나타나지 않았다. 사냥과 수렵이 이 시기의 주요한 경제활동이었다. 그러나 인간의 인지능력이 발달하면서 경작을 하고 가축을 돌보게 되었다. 이제 '내 것'과 '네 것'이라는 소유관념이 생기고 사적 소유가 나타났다. 이 때문에 원시공동체 사회가 무너지고 잉여생산물이 발생했으며 가진 자와 갖지 못한 자로 계급이 분화되었다. 이렇게 해서 생긴 사회가 노예제 사회다.

노예제 사회는 노예와 노예 소유자라는 두 계급을 근간으로 이루어진 사회다. 노예 소유자는 노예가 생산하는 잉여생산물을 독차지했다. 노예 소유자는 노예를 물건처럼 소유하며 마음대로 사고팔았다. 그들에게 노예는 '말하는 도구'였다. 인간은 노예제 생산양식을 통해 원시공동 사회보다 더 큰 생산력의 발전을 이루었다. 노예제 사회에서는 대규모의 노예를 통한 집단노동이 이루어졌기 때문이다. 그러나 이 사회의 생산력에는 한계가 있었다. 비인간적으로 착취를 당하던 노예들이 일할 의욕을 잃었고 때로는 반란을 일으키기도 했다. 또한 전쟁을 통한 노예의 공급이 한계에 달했다. 무지몽매한 노예의 노동은 질이 낮아 면밀한 주의를 요하는 작물재배 같은 일에 부적합했다. 노예노동은 발전하는 새로운 생산방법과 어울리지 않았다. 결국 노예 소유자들은 노예를 이용한 대규모 경영 대신 몰락한 시민이나 노예에게 땅을 주고 농사를 짓게 하고 그 대가로 생산물의 일부를 바치게 하는 방법을 택했다. 이렇게 노예제도가 무너졌다.

고대 서양에서와는 달리 아시아에서는 특수한 아시아적 생산양식의 사회가 나타났다. 그것이 이른바 공납제 사회다. 맑스는 이러한 공납제 사회의 특징으로 토지의 사적 소유권의 부재, 농업에서

INSPECTION AND SALE OF A NEGRO.

노예제 사회를 그린 그림.
백인들이 노예시장에서 흑인 노예의 품질을 검사하고 있다.

대규모 관개체제의 형성, 토지의 공동체적 소유와 수공업을 결합한 촌락 공동체의 형성, 관료적인 침체성, 전제국가 체제를 통한 착취 등을 들었다.

봉건제 사회의 영주와 농노

봉건제 사회는 노예제 사회가 무너지고 난 후 인류 역사에 새롭게 나타났다. 이 사회는 토지의 주인인 영주와 그 토지에서 일하는 농노라는 두 계급으로 나뉘어 있었다. 농노의 지위는 노예와 자유민의 중간에 해당했다. 농노는 자기 집을 소유하고 가족생활을 유지할 수 있었다. 이 사회는 장원이라 불리는 토지를 단위로 구성되었다. 장원의 가운데는 농민들이 사는 촌락이 있고 그 주위에는 넓은 농경지가 있다. 농경지 주위에는 목초지, 방목장, 황무지, 삼림 등이 넓게 펼쳐져 있다. 농경지의 약 3분의 1은 영주가 소유했던 영주 직영지였다. 다른 농지는 농노들이 보유한 땅이었다. 농노는 3일 간 자신의 토지에서 일하고 다른 3일 동안은 영주 직영지에서 부역 노동을 하고 나머지 1일은 교회에 나가 설교를 들어야 했다.

영주는 농노들의 반항을 억누를 수 있는 무력을 갖추었고 재판소와 감옥을 설치했다. 영주는 귀족 신분이었다. 교회의 성직자도 영주였으며 주교나 수도원장은 백작이나 공작과 똑같은 지위를 지니고 있었다. 한 나라에는 최고의 영주인 국왕이 있었고 모든 영주는 명목상 국왕의 신하였으나 그들은 사실상 자기의 토지 위에서 국왕의 간섭을 받지 않고 독립적으로 통치했다. 귀족과 성직자들은 농노들의 노동 덕분에 하루 종일 놀고먹으면서 호화스러운 생활을 즐겼다.

봉건제 사회의 몰락과 자본주의 사회의 등장

봉건제 사회는 생산력이 발달함에 따라 서서히 무너지기 시작했다. 영주들은 상업이 발달하고 도시가 생겨나면서 많은 물건을 구매하려 했다. 그러기 위해서는 돈이 필요했는데 직영지를 통해 얻는 수입만으로는 부족했다. 결국 영주들은 돈을 받고 농노를 해방시켜주었고 해방된 자영농들은 영주에게 노동력 대신 생산물을 바쳤고 나중에는 화폐를 바쳤다. 또 어떤 영주들은 농지를 없애고 농사일보다 더 많은 이익을 남길 수 있는 목장을 만들었다. 토지에서 쫓겨난 농민들은 부유한 농민에게 고용되어 농업 노동자가 되거나 도시 수공업 공장에 들어가 임금 노동자가 될 수밖에 없었다.

도시에는 수공업자가 불어났고 경제가 강화되었다. 그에 따라 봉건적인 생산관계가 생산력의 발전을 가로막게 되었고 이러한 장애가 시민혁명으로 무너졌다. 산업혁명의 결과로 힘을 얻은 신흥부르주아지와 농민, 노동자들은 힘을 합해 왕족이나 봉건귀족들에게 대항해 싸웠고 자유, 평등, 박애를 주장하며 인간의 존엄성과 자유를 실현하려 했다. 그러나 시민혁명 후 또 다른 모순이 노출되기 시작했다. 권력을 잡은 것은 부르주아지, 곧 자본가계급이었다. 자본가들은 정치적 평등과는 별개로 사유재산의 신성함을 주장하면서 경제적 불평등을 조장했다. 이로써 자본가가 지배계급이 되고 노동자가 착취를 당하는 자본주의 사회가 나타났다.

자본주의 사회는 자본이 중심이 되는 사회다. 다시 말하면 누구나 자기의 능력에 따라 자유롭게 돈을 벌고 그것을 향유하는 사회다. 그러나 모두 자본가가 될 수는 없다. 생산수단은 한정되어 있기 때문이다. 결국 생산수단을 얻지 못한 노동자들은 생산수단을 소유한 자본가에게 신분상으로는 자유로웠지만 경제적으로는 예속되지 않을 수 없다. 노동자가 스스로의 노동력을 파는 계약은 자유롭게 이루어지지만 노동자는 계약이 끝나면 더 이상 자유롭지 않다.

산업혁명으로 생산력은 엄청나게 발전했지만 노동자들의 생활은 비참해졌다. 자본가는 경쟁에 이기기 위해 가능한 한 값싼 노동자를 고용했다. 그 결과 자본가들은 엄청난 이윤을 축적했고 노동자들은 저임금, 실업의 위험 속에 살게 되었다. 결국 자본주의는 그 자체의 필연적인 법칙과 모순으로 무너진다. 과학적 사회주의 철학은 그러한 모순의 예로 자본축적의 법칙, 자본집중의 법칙, 빈곤증대의 법칙, 경제공항의 법칙 등을 들고 있다.

인류 역사는 계급투쟁의 역사다

사회는 혁명을 통해 근본적으로 변화하며 그 발생은 일차적으로 객관적 요인에 의존한다. 다시 말해 사회는 생산력이 발전해 기존의 생산관계와 마찰을 일으킬 때 변화한다. 이러한 마찰은 삶의 모순 속에서 드러난다. 그러한 모순이 첨예화될 때 사회의 근본적인 변혁, 즉 혁명의 분위기가 조성된다. 그러나 이러한 변혁은 자연히 발생하지 않는다. 혁명은 일종의 사회적 변화이며 사회는 인간들의 집합체이므로 사회가 근본적으로 변화하기 위해서는 객관적 요인과 주관적 요인이 맞물려야 한다.

맑스와 엥겔스는 자본주의 사회를 변혁하기 위한 사회주의 혁명의 주관적 요인으로 계급투쟁과 노동조직을 들고 있다. 지배계급은 항상 사회의 새로운 발전을 저지하려고 안간힘을 다하기 때문에 조직적인 노동계급의 투쟁이 필수적인 전제가 된다. 그것은 모든 사회 변혁에서 필수적인 요인이었다. "인류 역사는 계급투쟁의 역사였다."* 계급투쟁은 의식적이고 조직적인 인간 활동을 통해서만 효력을 발휘한다.

능력에 따라 일하고 필요한 만큼 가져가는 사회주의 사회

맑스와 엥겔스는 사회주의 혁명의 목적을 자본주의 사회의 몰락과 사회주의 사회 건설에 두었다. 그것은 인간에 의한 인간의 착취가 사라지는 사회의 건설이다. 화폐를 통한 인간소외가 사라지고 모두가 창조적이고 즐겁게 노동할 수 있는 사회의 건설이다. 맑스와 엥겔스는 사회주의 혁명이 노동자만을 해방시키는 혁명이 아니라 모든 사회 구성원을 해방시키는 혁명이라고 주장했다. 왜냐하면 자본주의 사회구조 안에서는 노동자뿐만 아니라 자본가도 소외를 벗어나지 못하기 때문이다.

자본가는 자기 자본의 이탈을 막고 계속 증식시키기 위해 노심초사하며 살아간다. 노동자들이 불만을 품고 혁명을 일으키지 않을까

* *MEW*, 19, 208.

항상 불안해한다. 황금을 통한 쾌락의 만끽에도 한계가 있으며 권태로운 삶과 허무가 그를 괴롭힌다. 자본주의 사회의 백만장자 자손들이 마약에 물들거나 자살하는 경우가 그것을 잘 말해준다. 결국 무산자와 자본가, 민중과 지배자를 모두 행복하게 해줄 수 있는 새로운 사회의 실현이 인류의 필연적인 과제가 된다.

사회주의 혁명을 통해 자본주의 사회가 무너지고 새롭게 나타난 사회형태가 사회주의다. 사회주의는 자본주의가 혁명으로 몰락하고 난 후에 나타난 과도적인 제도로서 최후의 이상적인 사회인 공산주의 사회를 실현하기 위한 준비단계다. 맑스와 엥겔스에 따르면 사회주의는 '능력에 따라 일하고 일한 만큼 가져가는' 사회이며 공산주의는 '능력에 따라 일하고 필요한 만큼 가져가는'* 사회다. 사회주의와 공산주의의 특징은 지금까지의 역사발전 단계에서 존재했던 계급의 소멸이며 따라서 인간에 의한 인간의 착취가 사라지는 것이다. 그에 대한 기초가 사유재산제의 폐지다. 물론 더 엄밀하게 말하면 생산수단의 사유화가 허용되지 않음으로써 자본가가 존속할 수 없다. 이러한 사회구조 안에서만 정치적 평등뿐만 아니라 경제적 평등이 실현되며 가장 인간다운 삶이 구현된다.

경제적 보편성에 입각한 변증법

일정한 이념은 일정한 시기에 일정한 사회집단의 이념을 반영해 나타난다. 이는 시기가 지남에 따라 그러한 이념이 자동적으로 사라진다는 것을 의미하지는 않는다. 오늘날의 이념 속에는 구시대

* *MEW*, 19, 21.

이념의 잔재가 많다. 어떤 것은 옳은 것일 수도 있고 어떤 것은 그른 것일 수도 있다. 많은 사상은 경제관계에서 직접 발생하지 않고 다른 사회관계나 제도를 통해 발생한다. 이에 대해 엥겔스는 이렇게 말한다. "유물사관에 의하면 역사에서 '최종적인 결정요인'은 인간생활에서 나타나는 생산과 재생산이다. 그 이상을 맑스도 나도 주장하지 않았다. 어느 누가 경제적 요인을 '유일한 결정자'라는 의미로 왜곡한다면 그는 그것을 아무런 내용도 없고 추상적이며 불합리한 문구로 바꾸는 셈이 된다. 경제적 상황이 토대가 된다. 그러나 상부구조의 다양한 요인이 역사적 투쟁의 흐름에 작용하며 많은 경우 우선적으로 그 형태를 결정한다."*

유물사관은 단순히 한 이념의 경제적 근거를 추구하는 것이 아니다. 예컨대 수천 년 동안 지속된 종교이념을 규명하기 위해 현재의 생산방식에서 그 근거를 찾으려는 것은 무모한 일이다. "정치적·법적·철학적·종교적·문학적·예술적 발전 등은 경제적 발전에 그 기초를 두고 있다. 그러나 이 발전은 모두 서로에 대해서, 경제적 기초에 대해서 반작용을 한다. 경제상태만이 '유일한 능동적 원인'이고 다른 모든 것은 수동적 결과에 불과한 것은 아니다. 현실의 변증법은 '궁극에 있어서' 항상 자기를 관철하는 경제적 보편성의 기초에 입각한 상호작용이다."**

역사의 주체인 인간

맑스주의의 변증법에 따르면 사회와 역사 속에는 규정하는 것과

---

* *MEW*, 37, 463.
** *MEW*, 39, 206.

규정되는 것이 존재하지만 규정되는 것도 규정하는 것에 역작용을 가할 수 있다. 의식과 의식을 통해 구성된 상부구조는 능동적인 활동의 힘이 된다. 왜냐하면 창조적인 사고 자체가 하나의 생산력이라고 말할 수 있기 때문이다.

맑스는 『헤겔 법철학 비판 서설』에서 "이론이 대중을 사로잡을 때 물질적인 힘이 된다"*고 말했다. 그는 「포이어바흐에 관한 명제」 3항에서 "환경과 교육에 대한 유물론적 학설은 환경이 인간을 통해 변화되어야 하고 교육자 자신도 교육받아야 한다는 사실을 망각하고 있다"고 지적하면서 포이어바흐의 유물론을 비판했다. 그러므로 과학적 사회주의 철학의 유물사관을 단순히 경제결정론으로 해석해서는 안 된다. 이 철학은 역사를 만들어가는 주체인 인간의 역할을 항상 강조했기 때문이다.

사회주의 철학이 이해하는 자유개념

우리는 여기서 과학적 사회주의 철학이 이해하는 자유개념을 살펴볼 필요가 있다. 자유는 철학, 특히 윤리학이나 역사철학에서 다루는 중요한 문제 가운데 하나다. 인간은 스스로 자유로울 때만 윤리적인 행동을 할 수 있고 그에 따른 책임을 질 수 있다. 인류의 역사발전은 인간의 자유를 실현해가는 과정이다.

고대 유물론자들은 인간의 행위가 외적인 요인을 통해 결정되기 때문에 인간에게는 자유의지가 없다고 주장했다. 데모크리토스의 원자론에서는 모든 것이 필연적이다. 고대 유물론자들은 인간의 정

* *MEW*, 1, 385.

신이 주위 환경을 변화시키고 창출하는 데 어떤 역할을 하는지 파악하지 못했다. 그들은 인간은 왜 스스로의 행위에 대해 책임을 지는지, 그 행위를 어떻게 평가할 수 있는지에 대해서도 적절한 해답을 찾지 못했다.

반면에 관념론자들은 자유와 필연을 분리시키고 절대적인 자유의지를 가정했다. 칸트는 자연이나 인간의 경험적인 행위에서는 일정한 필연성이 작용하는 반면 도덕적 의무의 영역에서는 자유의지가 발현된다고 생각했다. 절대적으로 자유롭고 비결정적인 의지를 가정하는 것은 절대적인 필연성을 주장하는 것처럼 인간 행위에 대한 어떤 책임도 지지 않는다는 말과 같다. 절대적으로 자유롭다는 말은 자기 자신 외에 어떤 것의 구속도 받지 않는다는 말과 같은 의미이며 그런 경우 결국 '자의'의 문제로 넘어가기 때문이다. '자의'와 절대적 자유를 구분할 수 있는 근거는 자신 외에 아무것도 없다. 즉 '자의'와 절대적 자유를 구분하는 객관적인 척도가 없다.

현대 부르주아 철학자들은 환경에서 독립된 자유의지라는 이념을 사용해 개인주의를 합리화하고 정신적·정치적·경제적으로 참된 자유를 얻기 위한 노동자들의 투쟁을 약화시키려 한다. 예컨대 실존주의 철학자들은 모든 인간은 내면의 결단을 통해 자유를 누릴 수 있다고 말한다. 그들은 인간소외나 부자유는 자본주의 사회구조에 책임이 있는 것이 아니라 인간의 어쩔 수 없는 운명이나 개인의 잘못된 생각에서 온다고 설명한다. 그러나 실제로 자본은 인간에게 엄청난 힘을 발휘한다. 그렇기 때문에 자본을 배제하고 인간이 자유롭게 행복을 누릴 수 있다는 실존주의 철학자들의 주장은 환상에 지나지 않는다.

필연의 인식을 전제하는 진정한 자유

유물사관은 자유와 필연의 변증법적 연관성을 해명하면서 자유를 지향하는 역사발전을 이해하려 한다. 유물사관은 자유와 필연의 변증법적 연관성을 인식론의 측면뿐만 아니라 역사발전의 측면에서도 고찰한다. 자연과 사회발전에는 객관적인 필연성이 존재한다. 인간은 이러한 객관적인 필연성을 인식할 수 있다. 인간은 자연법칙을 알지 못할 때 자연의 노예로 남는다. 인간은 자연의 법칙과 필연성을 인식하고 인간의 목적에 합당하게 응용할 수 있을 때만 자연의 주인이 되어 자연을 지배할 수 있다.

필연성을 인식한다는 것, 여기에 자유의 심오한 의미가 담겨 있다. 과학적 사회주의 철학에 따르면 결국 자유는 필연성의 통찰이다. 필연성은 자연 속에서 무의식적으로 상호작용하는 힘의 결과인 반면 역사 속의 필연성은 일정한 목적을 설정하고 그것을 성취하려는 인간의 행위에서 나타난다. 그러나 이러한 노력 자체는 필연의 인식이 전제되지 않는 한 진정한 자유가 아니다.

역사적 필연성의 인식

인간 행위의 결과는 전체적으로 각 개인이 설정하는 목적에 부합하지 않을 수 있다. 사회에도 자연에서처럼 필연이 존재한다. 그러나 역사적 필연성의 인식은 자연의 필연성을 인식하는 것보다 훨씬 더 복잡하다. 이러한 인식은 인간이 스스로의 행동 동기를 사회 구조를 통해 파악하면서 얻을 수 있다. 인간은 그가 태어난 세계의 역사적 조건을 선택할 수 없다. 그러나 그것은 인간이 어쩔 수 없이 그러한 역사적 조건에 적응해야 한다는 의미는 아니다. 역사적 조건은 인간 행위에 일정한 제한을 가한다. 일정한 사회 상태의 역사적 필연성이 인식된다는 것은 인간이 이러한 상태에 수동적으로 적응해야 한다는 의미가 아니다. 필연성을 인정한다는 것은 팔짱을 끼고 관망한다는 의미가 아니기 때문이다.

역사적 필연성은 그 자체로 또는 어떤 초월적인 의지에 따라 움직이는 것이 아니라 인간의 활동을 통해서 움직인다. 인간은 누가, 어떤 계층이 사회적 변혁의 물질적·도덕적 주체인지를 인식하고 그것을 중심으로 새로운 사회질서를 수립하기 위해 투쟁해야 한다. 개인은 어떤 입장을 선택하느냐에 대한 책임을 진다. 자유의지가 부정된다는 것은 이성이나 인간의 양심이 부정된다는 의미가 아니다. 자유의지라는 환상적인 이념이 부정될 뿐이다. 이런 의미에서 유물사관은 필연과 자유의 관계를 최선의 방식으로 해결하려 한다.

16 도덕, 예술, 종교의 문제

자본주의 사회에서의 도덕적 문제

유물사관과 관련해 우리가 짚고 넘어가야 할 또 하나의 중요한 문제가 있다. 도덕의 문제다. 맑스주의에 따르면 영원한 도덕법칙이나 도덕규범은 존재하지 않는다. 도덕도 종교, 철학, 예술처럼 하나의 문화현상, 즉 상부구조에 속한다. 그러므로 도덕의 발생은 사회구조, 다시 말해 생산방식에 의존한다.

원시공동체 사회, 노예제 사회, 봉건제 사회, 자본주의 사회, 사회주의 사회 등은 각각 그 시대에 부합한 도덕을 지니고 있다. 사회구조와 인간의 가치관을 변화시키는 것은 도덕이 아니라 생산관계다. 예컨대 대지주를 중심으로 하는 농촌에서는 봉건제 도덕이 지배적이다. 가부장제, 남존여비, 장유유서, 반상구분 등이 그러한 도덕에 속한다. 어떤 진보적인 도덕이론가가 우연히 이 마을에 들어와 이러한 비인간적 도덕 대신 남녀평등이나 인간의 존엄성을 열심히 설파했다고 하자. 봉건적 도덕이 변하겠는가. 그러나 이 지역에서 우연히 철광이 발견되어 자본주의 산업과 연결된 많은 공장이 들어섰다고 가정하자. 봉건제 도덕이 이 사회를 얼마나 지탱하겠는가.

오늘날 우리나라에는 자본주의가 절정에 도달해 있다. 자본주의의 근본원리는 무제한 경쟁원리며 능력껏 돈을 벌어 즐기면 된다는 원리다. 내가 돈을 벌지 않으면 남이 벌고 내가 승진하지 않으면 남이 승진한다. 우리는 모든 수단을 동원해 그들을 뚫고 나가야 한다. 자본주의 사회에서는 '하면 된다'는 것이 기치다. 우리는 법에 저촉되지 않는 모든 수단을 동원해 돈을 벌고 권력을 잡아야 한다. 이러한 원리가 지배하는 사회의 윤리는 당연히 타락하고 부패하기 마련이다. 많은 사람이 오늘날 우리 사회의 도덕과 윤리가 땅에 떨어졌다고 한탄하며 새로운 도덕적 질서운동을 강조한다. 어떤 사람은 공맹孔孟의 도를 청소년들에게 더 많이 가르쳐야 한다고 주장하고 또 어떤 사람은 가정이 화목해야 한다고 이야기한다. 또 다른 사람은 종교의 힘을 빌려 도덕적 위기를 막아야 한다고 주장한다. 그러나 그것들이 얼마나 실효를 거둘 수 있겠는가.

우리는 사회문제를 근본적으로 파악하고 개선해야 한다. 도덕교육이나 종교적 교화를 통해 사회문제를 모두 해결할 수 있다는 생각은 매우 환상적이다. 그것은 위암에 걸린 사람에게 화장을 해주고 좋은 음식을 먹이려는 시도와 같다. 위암을 치료하려면 고통이 따르더라도 이 환자를 과감히 수술해야 한다.

우리 사회의 도덕과 윤리를 건전하게 유지하기 위해 가장 중요한 것은 부동산 투기가 법적 제재로 인해 주춤하는 사회가 아니라 부동산 투기 자체를 경제적으로 별 쓸모가 없는 사회를 만드는 일이다. 어느 누구도 상대방을 개인의 이익을 위한 경쟁상대로 간주할 필요가 없는 사회를 만들어야 한다. 다 같이 힘을 합해 조국의 발전을 위해 일하고 거기서 오는 결과를 똑같이 향유할 수 있는 사회를 형성해야 한다.

도덕 교육을 통해 사회 부조리를 근절할 수 있을까? 아니면 부조리가 불가능한 사회형성을 통해 사람들이 자연스럽게 훌륭한 도덕 성품을 지니게 함으로써 사회 부조리를 근절할 수 있을까? 우리는 이 문제에 대한 대답을 추상적인 가설이나 이론에서 찾아서는 안 된다. 이 문제를 객관적·과학적으로 규명하기 위해 우리의 역사 발전을 다시 한번 되돌아보아야 한다. 우리는 이와 동시에 유물론적으로 역사를 파악하는 것이 어떤 의미를 지니는지 깊이 음미해야 한다.

맑스와 엥겔스의 예술관

맑스와 엥겔스는 미학에 관한 직접적인 저술은 하지 않았다. 그러나 그들의 많은 저술과 서간문에는 그들의 예술관과 미학이론이 많이 포함되어 있다. 그들은 문학을 매우 높이 평가했다. 특히 엥겔스는 청년 시절에 문학과 철학에 큰 관심을 지녔고 시를 쓰기도 했다.

맑스와 엥겔스의 예술관은 역사적 유물론과 밀접한 관련이 있다. 상부구조에 속하는 예술은 생산관계가 중심이 되는 하부구조에 의존해 발생하고 발전한다. 예술에서는 상상력이 중요한 역할을 하지

만 그러한 상상력도 현실을 반영한 형태에 불과하다. 맑스는 『정치
경제학 비판』^{Kritik der politischen Ökonomie} 「서문」에서 이렇게 말했다. "거
대한 전체 상부구조는 경제적 기초의 변화에 따라 서서히 혹은 빠르
게 변화한다. 우리는 이러한 변화를 고찰할 때 항상 물질적이고 과
학적으로 정확하게 확인할 수 있는 경제적 생산조건의 변화와 법률
적·정치적·종교적·예술적·철학적 형태, 즉 이데올로기적 형태를
구분하지 않으면 안 된다. …우리는 스스로를 어떻게 생각하는지에
따라 판단할 수 없는 것처럼 그러한 변혁시대를 그 시대의 의식에
따라 판단할 수 없다. 도리어 이 의식을 물질적 생활의 모순에서, 사
회적 생산력과 생산관계의 충돌에서 설명하지 않으면 안 된다."*

결국 예술은 현실의 반영이며 예술의 창작이나 이해도 이러한 사
실을 바탕으로 이루어져야 한다. 위대한 예술은 그 시대의 상황을
가장 잘 표현해주는 예술이다. 맑스와 엥겔스는 이처럼 예술의 인
식기능을 높이 평가했다. 맑스와 엥겔스가 셰익스피어, 괴테, 발자
크 등을 높이 평가한 것도 그러한 이유 때문이었다.

하크니스의 소설 『도시 처녀』를 비판한 엥겔스

예술은 그 시대의 현실을 묘사하는 기능을 지니지만 현실의 현상
을 묘사해서는 안 되고 그 본질을 묘사해야 한다. 맑스와 엥겔스는
현상을 피상적으로 묘사하는 자연주의 예술을 비판하고 현상의 본
질을 묘사하는 사실주의 예술을 요구한다. 엥겔스는 사실주의 예술
이 묘사해야 하는 이러한 본질을 전형이라고 불렀다.

---

* *MEW*, 13, 9.

엥겔스는 1888년 4월 초 런던에서 활동하던 여류작가 하크니스 Margaret Harkness, 1854-1923에게 보낸 편지에서 이렇게 말했다. "사실주의는 디테일의 충실성 이외에도 전형적인 환경에서의 전형적인 성격을 충실하게 재현하는 것이다."* 엥겔스는 그녀의 소설 『도시 처녀』*A City Girl*를 읽고 그에 대한 소감을 편지로 표현했다. "『도시 처녀』에서 노동계급은 자기 자신을 구원할 수 없으며 심지어 자신을 구원하려는 어떠한 시도와 노력도 하지 않는 소극적인 대중입니다. 무서운 빈곤에서 그들을 끌어내려는 시도는 모두 밖이나 위에서 온 것입니다. 그것은 1800~10년경 생시몽이나 오언의 시대에는 타당한 묘사였지만 약 50년간 전투적 무산계급의 투쟁에 참가하는 영예를 지녔던 1887년의 사람들에게는 맞지 않습니다. 자신을 억압하는 환경에 맞선 노동계급의 혁명적 반격, 인간으로서 자신의 권리를 쟁취하려는 시도는—그것이 충동적인 것이든, 무의식적인 것이든, 의식적인 것이든—역사의 일부며 따라서 사실주의 영역에서도 응당 자기 자리를 차지해야 합니다. 나는 당신이 작가의 사회정치적 견해를 강조하는 토박이 사회주의적 소설—우리 독일인들은 그것을 경향소설이라 부르는데—을 쓰지 않았다고 비난하는 것이 아닙니다. 결코 그런 뜻이 아닙니다. 예술작품에서는 작가의 견해가 은폐되어 있으면 있을수록 더 좋습니다. 내가 염두에 두고 있는 사실주의는 작가의 견해와 관계없이 나타납니다."**

엥겔스는 하크니스의 소설 『도시 처녀』가 당시 사회의 전형적인 본질을 묘사하지 못했다고 비판하면서 그러한 전형이 작가의 구호

---

* Marx·Engels, *Über Kunst und Literatur*, Erster Band Berlin, 1967, S.157.
** Ebd., S.158.

나 이념으로 표현되어서는 안 되고 사건의 줄거리 속에서 보이지 않게 작용해야 한다는 사실을 강조했다. 그는 일정한 사상적 경향이나 입장을 표현하는 경향문학이 그 자체로 사실주의 예술은 아니며 사회발전에 대한 철학, 다시 말해 유물론적 세계관을 지닌 작가만이 위대한 사실주의적 작품을 창조할 수 있다는 사실을 암시했다.

노동과 직결되는 예술

맑스와 엥겔스는 현실을 반영하여 나타나는 예술이 상부구조 가운데서도 상대적인 독자성을 지닌다는 사실을 인정했다. "그러나 어려운 점은 그리스의 예술과 서사시가 일정한 사회적 발전 형태에 결부되어 있다는 것을 이해하는 데 있지 않다. 오히려 그리스의 예술과 서사시가 아직도 우리에게 예술의 기쁨을 주고 어떤 의미에서는 규범 또는 전형으로서 타당성을 지닌다는 데 있다."*

그러나 예술의 독자성은 절대적이지 않다. 예술은 그 시대의 본질을 비켜갈 수 없다. 예를 들면 화폐가 모든 것을 지배하는 자본주의 사회의 인간은 착취와 소외를 벗어날 수 없고 그것을 반영하는 예술은 일그러지지 않을 수 없다. 추상예술, 모더니즘, 포스트모더니즘 등은 모두 일그러진 자본주의 사회의 모순을 반영하는 예술이며 그러한 현실에 눈을 감으려 하거나 그것을 미화하려는 경우에도 결과는 마찬가지다. 일반적으로 자본주의 사회구조는 참된 예술과 적대적인 관계다.

* *MEW*, 13, 641.

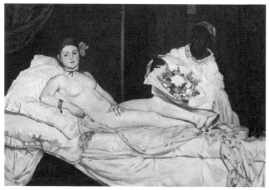

▲ 1978년 아비뇽 연극제에서 상연한
부조리극 「고도를 기다리며」(Waiting for Godot).
이 연극은 인간의 삶을 기다림으로 정의하고
인간 존재의 부조리함을 보여준다.

▼ 에두아르 마네, 「올랭피아」(Olympia, 1863).
마네는 신화 속에 등장하는 여성이 아닌
현대 여성을 모델로 삼아 동시대의 인간상을 표현하고자 했다.
창녀로 해석되는 이 여성은 이상적인 누드화의 여성과 달리
고개를 들고 정면을 응시하고 있다.
「올랭피아」는 그 당시 사람들에게 충격을 주었고
모더니즘 회화의 시작을 알리는 작품이 되었다.

맑스와 엥겔스는 예술의 과제가 현실의 올바른 인식에만 있는 것이 아니라 현실 변혁에도 있다고 강조한다. 다시 말하면 예술은 현실을 변혁하는 무기가 되어야 한다. 현실의 변혁에서 가장 중요한 역할을 하는 것은 노동이다. 그러므로 예술은 노동과 직결되며 동시에 사회를 변혁하는 노동운동과도 직결되어야 한다. "인간은 노동과 새로운 작업의 적응을 통해 얻은 근육과 인대의 발달, 오랜 기간에 걸쳐 구성된 뼈의 발달을 유전적으로 전수했다. 인간의 손은 이렇게 전수된 정교함을 더 복잡하고 새로운 작업에 응용함으로써 라파엘로의 그림, 토르발센의 조각, 파가니니의 음악을 마법 같은 기예로 세상에 내놓을 만큼 높은 완성도를 획득할 수 있었다."*

종교와 사회적 존속

맑스와 엥겔스는 이미 포이어바흐가 이론적인 종교비판을 완성했다고 결론지었다. 문제는 그것을 실현하는 일이다. 「포이어바흐에 관한 명제」에 "철학자들은 세계를 다양하게 해석했다. 하지만 중요한 것은 세계를 변혁하는 일이다"라는 말이 그것을 잘 말해준다. 맑스는 「헤겔 법철학 비판 서설」에서 종교의 본질에 대해 이렇게 말했다. "종교적인 비참은 한편으로는 현실적인 비참의 표현이고 다른 한편으로는 현실적인 비참에 대한 항변이다. 종교는 궁핍에 빠진 창조물의 한숨이고, 무심한 세계를 나타내는 기분인데 그것은 정신 나간 상태의 정신과 같다. 종교는 민중의 아편이다."**

엥겔스는 『반뒤링론』에서 이렇게 말했다. "모든 종교는 일상생활

* *MEW*, 20, 446.
** *MEW*, 1, 378.

을 지배하는 외부의 힘이 인간의 두뇌 속에 공상적으로 반영된 것에 불과하다. 이 반영 속에서 지상의 힘은 천상의 형태를 띠게 된다. 인류 역사의 초기에는 그렇게 반영되어 체험되는 것이 자연의 힘이었으나 역사가 더 발전하면서 여러 민족 사이에서 다양하고 화려한 의인화가 관철되었다. …그러나 곧 자연적인 힘과 더불어 사회적인 힘이 등장했다. 애초에 자연의 신비로운 힘을 반영한 이 공상적 형상은 이제 사회적 속성을 획득하게 되었다."*

맑스와 엥겔스는 종교의 발생을 인간의 이기적인 본성에서 추론해내려는 포이어바흐의 시도에 만족하지 않고 사회적 조건과 연결시켰다. 결국 종교도 도덕·철학·예술·학문처럼 일종의 사회의식이며 경제관계라는 토대에서 발생한 상부구조다. 그러므로 종교는 그 시대의 경제관계 구조 안에서 해명되어야 한다. 동시에 허위의식의 종교가 사라지기 위해서는 이론적인 인식만으로 불가능하다. 즉 포이어바흐의 철학만으로는 불가능하다.

종교가 발생하고 지탱하는 사회관계의 변혁이 필수적이다. 다시 말하면 실천적인 사회혁명을 통해 사회의 근본구조가 변하지 않고서는 종교가 사라지지 않는다. 종교는 비참한 사회관계에 대한 항변의 표시지만 이 항변은 적극적인 투쟁으로 나아가지 못하고 소극적인 자기 위로에 머문다. 그러므로 지배계층은 효과적인 지배를 위해 종교를 이용한다. 인간은 종교를 통해 지상에서 도달하지 못한 행복을 내세에서 꿈꾼다. 그리고 행복하다는 환상에 빠진다. 마치 감옥에서 족쇄를 차고 있는 죄수가 꿈속에서 자유를 맛보며 행복을 느끼는

* *MEW*, 20, 294.

것과 비슷하다. 아편 환자들도 아편을 맞으면서 육체적·정신적 고통을 잊고 행복을 느낀다. 종교는 민중의 아편이다.

맑스와 엥겔스는 종교가 발생하고 존속하는 사회적 근원과 종교를 극복할 수 있는 구체적인 방법을 제시하면서 이전의 종교비판자들을 넘어섰다. 포이어바흐는 인간이 철학적으로 종교적인 환상을 벗어나 각성하면 자유롭고 행복한 삶을 누릴 수 있다고 생각했다. 그러나 맑스와 엥겔스에 따르면 사회적 모순이 존속하는 사회에서 종교는 결코 사라지지 않는다. 이전에는 자연에 대한 불안과 공포가 종교의 온상이었다면 오늘날에는 자본의 횡포, 기아와 실업, 전쟁에 대한 불안 등이 많은 사람을 종교로 도피하게 한다. 이 때문에 종교는 혼란스럽고 모순이 많은 사회에서 발전한다. 종교가 사라짐으로써 인간 중심 사회가 실현되는 것이 아니라 착취가 사라지고 인간이 인간답게 살 수 있는 사회가 만들어져야 비로소 종교가 사라진다.

이러한 입장에서도 인간의 의식이 물질적 조건에 의해서 결정된다는 유물사관이 적용된다. 맑스와 엥겔스는 또다시 유물사관에 의거해 인류 역사의 구체적인 역사와 발전에 눈을 돌렸다. 이는 현대 역사에서 기독교가 자본주의 국가들을 식민지 개척에 이용했다는 사실을 암시한다. 구미열강이 제3국가를 침략할 때 기독교가 이념적으로 선구적인 역할을 했다. 다른 나라를 침략할 때 총칼에만 의존하지 않고 구원이라는 미명 아래 선교사를 파견해 그 지역 주민들을 기독교화시키면 정복이나 지배가 훨씬 더 용이해진다. 실제로 구미열강이 인디언 땅을 정복할 때 기독교가 많은 보조역할을 했다는 사실은 잘 알려져 있다. 기독교는 오늘날에도 종교가 다양한 지역의 침략과 지배를 도와주고 있다.

종교의 발생 원인인 무지와 가난

프랑스 계몽주의 철학자들은 종교의 발생 원인을 성직자들의 기만과 거기에 속아 넘어가는 민중의 무지에서 찾았는데 맑스와 엥겔스는 그것보다는 사회적 요인을 강조했다. 사회적 비참이 인간이 종교로 눈을 돌리게 되는 중요한 원인이라는 것이다. 고대인들이 자연의 위력 앞에 굴복하면서 초자연적인 힘에 의지했다면 자본주의 사회의 민중들은 파산, 실업, 전쟁, 기아, 고립 등에서 오는 사회적 불안과 공포 때문에 종교에 눈을 돌리고 큰 형님처럼 자기를 보호해줄 신에게 의존하는 것이다.

자본주의 사회에서 종교는 만인에 대한 투쟁의 결과로 나타나는 개인적 고립을 벗어나기 위한 집단 이기주의의 한 표현이다. 결국 종교의 발생 원인은 무지와 가난이라는 두 요인으로 귀결된다. 그러나 모든 민중이 종교에 의존하지는 않는다. 무지를 벗어나 사회와 역사의 본질을 이해하려는 민중은 종교를 벗어나 투쟁을 통해 사회를 변혁하려 한다. 그는 운명의 주인으로서 자기 자신만을 신뢰하기 때문에 더 이상 종교인들의 기만적인 설교에 속지 않는다.

그렇다면 부자들은 왜 종교를 갖는 것일까? 거기에는 무지와 간계가 숨어 있다. 신이 자신을 부자로 만들어주고 자신의 부를 계속 유지할 수 있게 해준다고 믿는 어리석은 부자도 있지만 종교가 가난한 자들을 위로하고 인도해 현 상태를 유지하게 해준다는 사실을 간파하고 종교를 이용하는 부자도 많다. 종교는 사회적 혼란이 야기되어 스스로의 기득권을 잃는 일이 없도록 보호해주는 효과적인 보호막이다. 겉으로 착하고 선한 체하면서 가난한 자들을 계속 착취하는 것이 부자들의 편리한 생활방법이다.

엥겔스가 얘기한 것처럼 부자들은 6일 동안 가난한 자들을 온갖 방법으로 착취하다가 일요일에 교회에 가서 기도하고 회개하면 구원을 받고 천당에 갈 수 있다고 생각한다. 주위 사람들에게 선량한 기업가라는 칭송을 받기까지 한다. 이처럼 부자들에게 종교는 편리한 수단이다. 일상생활에서는 부자들이 황금을 무기로 왕처럼 군림하지만 교회 안에서는 가난한 자나 부자나 모두 형제가 된다. 그러므로 부자들은 죽은 후에 천당에 가는 것을 적극 찬성하지만 지금 바로 천당에 가는 것을 원하는 부자는 한 사람도 없다.

17 소외 문제와 프롤레타리아 독재

소외의 개념

오늘날 소외疏外, Entfremdung 또는 자기소외Selbstentfremdung 라는 말이 유행어가 되었다. 일반적으로 이 말은 '자기가 만든 또는 원래 자기에게 속하는 것'이 자기와 낯선 어떤 것으로 다가와 자기를 당혹스럽게 한다는 의미를 지닌다. 예컨대 우리는 자신을 따뜻하게 감싸주는 보금자리인 가정이 자기와 상관없는 낯선 곳처럼 느껴질 때 "소외를 느낀다"고 말한다. 학교에서 왕따를 당하는 사람도 일종의 소외를 느낀다.

소외라는 개념은 모든 철학사에 등장하지만 이 개념을 처음 철학적으로 제시한 사람은 루소다. 루소는 인간이 자연 상태에서 행복을 누렸는데 문명이 발달하면서 그 행복을 잃어버리고 오히려 불행해졌다고 주장한다. 인간을 위해 만든 도덕과 문화가 인간을 더 타락시켰다는 것이다. 물론 루소는 사유재산의 발생과 함께 나타난 인간의 불평등이 불행의 더 큰 원인이라고 주장했다. 그는 "자연으로 돌아가라"고 외치면서 인간소외를 극복하려 했다.

그 후 헤겔은 소외와 비슷한 개념인 외화外化, Entäußerung라는 말을 사용했다. 헤겔에 따르면 세계의 근원은 절대정신인데 그것이 변증법적으로 변하면서 자연이 발생했다. 다시 말하면 절대정신은 자연으로 외화되었다.

헤겔에 이어 포이어바흐는 '종교적 소외'라는 개념을 주장했다. 인간은 유한한 존재인 동시에 상상력이 풍부한 존재다. 그러므로 인간은 상상력을 발휘해 스스로의 유한성을 극복하려 했고 그렇게 해서 만들어진 존재가 신이다. 유한하고 불행하고 부족한 존재인 인간은 무한하고 행복하고 완전한 신이라는 존재를 만들어놓고 그 신에게 위로를 받으려 한다. 그런데 이렇게 창조된 신이 점차 실제로 존재하는 것처럼 인간을 지배한다. 인간은 신 앞에 머리 숙여 기도하며 복종한다. 인간을 위해 인간이 만든 신이 오히려 인간을 지배하기 시작한다. 그것이 바로 '종교적 소외'며 이제 인간은 그러한 소외를 벗어나야 한다.

우리는 인간이 인간에게 신이라는 사실을 확신하고 지상의 세계에서 행복을 찾아야 한다. 신이 아니라 자연을 친구로 삼아야 한다. 종교는 관념론과 결부되어 있기 때문에 '종교적 소외'를 극복하기 위해 필연적으로 전제되어야 하는 것은 유물론을 통한 관념론의 극복이다. 우리는 객관적으로 존재하는 물질과 자연이 인간의 의식을 창조하는 근원이라는 사실을 인식해야 한다.

맑스가 주장하는 노동과 소외

맑스는 1844년의 『경제학-철학수고』에서 소외문제를 다루었다. 앞에서 언급했듯이 맑스의 사상은 『경제학-철학수고』를 통해 점차 발전했다. 예컨대 맑스는 엥겔스와 공동으로 저술한 『신성가족』에서 프롤레타리아의 혁명이론을 다루면서 '사실적 휴머니즘'realer Humanismus이라는 용어를 사용했다. 그는 『경제학-철학수고』에서도 '소외'와 같은 의미로 '외화'의 개념을 사용하기도 하고 사회관계의 공산주의적 변혁을 '인간 자체로의 복귀' '인간적 자기소외의 지양'이라고 표현하기도 했다. 이처럼 맑스의 초기 저술에는 내용과 표현 형식에서 다소 차이가 났다. 맑스는 소외문제를 논하면서 노동문제에 눈을 돌렸다.

헤겔도 노동을 관념론적 의미에서 인간 본질의 표현으로 해석했으며 엥겔스는 인간의 특성을 노동활동에서 찾았다. 맑스도 이들의 영향을 받아 노동활동 자체를 분석했다. 맑스 이전의 철학자들은 대부분 인간노동의 질적인 차이를 구분하지 않고 형식적으로 육체노동과 정신노동으로 구분했다. 노동으로 자연을 변화시킬 수 있으며 노동을 통해 만든 산물이 인간을 위협한다고도 생각했다.

그러나 맑스는 노동은 그 사회적 조건에 따라 질적인 차이가 있다고 생각했다. 자신의 욕구를 충족시키기 위해서 즐거운 마음으로 하는 노동과 자기가 모르는 타인을 위해서 상품을 생산해야 하는 노동은 질적으로 다르기 때문이다. "사유재산은 노동의 산물이다. 노동자를 통해 만들어지나 자본가의 것이 되는 상품도 노동의 산물

1963년에 개봉한 찰리 채플린의 코미디 영화
「모던 타임즈」(Modern Times)의 한 장면.
찰리 채플린은 이 영화를 통해 당시 산업혁명을 비판하고
자본주의 사회에서의 인간소외를 고발했다.

이다. 마찬가지로 노예, 농노, 임금 노동자의 착취도 물질적 생산이라는 노동과정에서 수행된다. 상품과 사유재산을 창출하는 노동은 노동 일반이 아니며 역사적으로 결정된 형식의 노동, 즉 소외된 노동이다."*

헤겔은 모든 노동과 대상화된 인간 활동은 사유의 객관화처럼 소외라고 이야기한다. 그러나 맑스에게 노동 자체는 결코 소외가 아니다. 노동은 일정한 사회적 조건에서만 소외가 된다. 다시 말해 노예노동이나 죽지 않기 위해서 하는 노동만이 인간을 소외시킨다.

맑스의 네 가지 소외 현상

맑스는 노동과 그 산물을 중심으로 네 가지 소외 현상을 거론했다. 노동 자체의 소외, 노동의 산물에서 오는 소외, 인간 사이의 소외, 종種, Gattung에서 오는 소외가 그 네 가지 소외 현상이다.

노동의 산물에서 오는 소외는 노동 자체의 소외와 연관되는 것으로 노동이 만들어낸 산물에서 오는 소외다. 인간은 스스로의 욕구를 충족시키기 위해 생산 활동을 한다. 자본주의 사회구조에서 생산 활동을 통해 생산한 상품은 노동자에게 속하지 않고 타인이나 자본가의 손에 들어간다. 노동자는 자신이 생산한 상품을 소유하지 못해서 소외를 느낀다. 예컨대 값비싼 과일이나 채소를 생산하는 농부는 그것을 먹지 못하고 신주 모시듯 하다가 상인에게 넘겨야 하며 공장에서 자동차를 만드는 노동자는 값비싼 차를 타지 못하고 걸어가는데 자본가가 그것을 타고 지나가면서 그에게 먼지와 흙탕

* T.I. Oiserman, *Die Entfremdung als historische Kategorie*, Berlin, 1965, S.70.

물을 뿌린다.

인간들 사이의 소외는 타인에게서 오는 소외다. 자본주의 사회에서 노동자는 자신을 착취하는 자본가나 권력자는 물론이고 주변 사람들이나 다른 노동자들을 경쟁대상으로 여기며 자신을 위협하는 존재로 느낀다.

종에서 오는 소외는 포이어바흐가 말하는 것처럼 자본주의 사회에서 고독한 개인이 되어 사회 전체에 대해 불안을 느끼는 소외다. 자본주의 사회에서 인간은 스스로 사회의 주인이라는 생각을 하기 힘들다. 인간은 즐거운 마음으로 인류의 보편적인 활동에 참여할 수 없고 전체 활동에서 분리되어 있음을 느낀다.

이처럼 맑스는 그의 소외론을 구체적인 사회의 경제조건을 바탕으로 발전시켰다. "**사유재산은 소외된 노동**에서 발생한다. 즉, 사유재산은 노동자 자신과 그의 외부에서 오는 산물, 결과, 필연적 귀결이다. …우리는 국민 경제학을 통해 **소외된 삶과 소외된 노동** 개념이 사유재산 운용에서 오는 결과임을 알았다."*

실존주의 철학자들이 주장하는 소외의 원인과 극복 방법

맑스는 소외의 원인을 사유재산과 그것을 기초로 하는 자본주의적 사회구조에서 찾았으며 소외를 극복하기 위한 길은 사유재산의 폐기라고 주장했다. "**인간적인 삶의 획득인 사유재산**의 실증적인 폐기는 모든 소외의 실증적인 폐기다."**

현대 실존주의 철학자들은 소외의 원인과 그 극복방법에 대해 맑

---

* K. Marx, *Ökonomisch-philosophische Manuskripte*,
Leipzig, 1970, S.162.
** Ebd., S.185.

스와 다른 주장을 한다. 그들은 현대인이 소외를 느끼는 원인은 자연과학의 발전을 통한 기계문명이라고 이야기한다. 인간이 만든 기계문명이 인간을 기계화하고 사물화한다. 낭만주의자들도 이러한 소외를 비판했다. 예컨대 독일 작가 헤세[Hermann Hesse, 1877-1962]는 『황야의 이리』[Der Steppenwolf]라는 소설에서 기계문명으로 소외된 주인공의 비참함과 저항을 묘사했다.

실존주의자들의 주장에 따르면 자연을 이용하고 지배하는 인간의 운명은 항상 소외와 결부된다. 인간이 생산하는 상품 자체가 소외의 근원이 된다. 그러므로 소외는 사회구조와 무관하며 자본주의 사회나 사회주의 사회에 모두 다 소외가 존재한다. 소외의 극복은 사회구조의 변화를 통해서 극복하는 것이 아니라 인간의 내면적인 결단을 통해서만 극복할 수 있다. 야스퍼스[Karl Jaspers, 1883-1969]는 초월자를 확신하는 실존적인 결단을, 하이데거[Martin Heidegger, 1889-1976]는 존재 자체에 눈을 돌리며 그 계시를 기다리는 존재론적인 결단을, 사르트르[Jean-Paul Sartre, 1905-80]는 선택을 통한 자유의 확신을, 카뮈[Albert Camus, 1913-60]는 반항을 통한 부조리에 대한 사랑을 그 처방으로 내세운다.

왜곡된 맑스주의

맑스 이후 소외문제와 관련해 맑스나 맑스주의를 비판하려는 사람이 많이 나타났다. 그것은 맑스주의 자체를 위해서도 도움이 되는 일이다. 맑스와 엥겔스도 자신들의 철학은 절대적으로 타당한 고정된 이론이 아니며 과학의 발전과 함께 더욱 발전할 것이라고 말했다. 하나의 철학을 절대적 진리로 간주하는 방식이 이른바 '교조주의'다. 맑스와 엥겔스는 자신들의 철학이 절대로 교조주의가 아니며 교조주의로 해석되어서도 안 된다고 경고했다.

문제는 비판이 창조적인 발전으로 이어져야 한다는 것이다. 맑스주의를 비판한다는 구실 아래 맑스와 엥겔스의 근본사상을 왜곡해서는 더더욱 안 된다. 하지만 많은 맑스주의 비판자가 맑스와 엥겔스의 근본사상을 왜곡했다. 다시 말하면 그들은 스스로 만들어놓은 맑스주의와 대결했다. 그들은 맑스와 엥겔스의 허깨비와 치열한 싸움을 벌이고 그것을 격파했다며 쾌재를 불렀다. 그러나 그들이 격파한 것은 진짜 맑스나 엥겔스가 아니고 그들의 허깨비일 뿐이다.

어떤 수정주의자들은 맑스와 엥겔스의 철학을 인정하는 척하면서 그 핵심을 폐기해버린다. 반갑다고 껴안으면서 질식시키는 것과 같다.

맑스의 후기 저술을 인정하지 않는 철학자들

우리는 여기서 철학자들이 소외문제와 관련해 맑스의 주장을 어떻게 왜곡했는지 간단하게 살펴볼 필요가 있다. 먼저 개신교적 입장에서 맑스주의를 연구한 티어[E. Thier]는 "청년 맑스는 우리 시대의 발견이다"*라는 말로 논쟁을 시작한다. 그는 청년 맑스의 발전과정, 초기 저술과 후기 저술의 유기적인 연관성을 무시하고 청년 맑스가 참된 맑스라고 주장했다. 그는 맑스의 박사학위 논문과『라인 신

* Erich Thier, *Das Menschenbild des jungen Marx*, Göttingen, 1957, S.3.

문』『독불연보』에 게재된 글을 도외시하고 『경제학-철학수고』에만 매달렸다. 그는 『신성가족』이나 『독일 이데올로기』도 고려하지 않은 것 같다. 그는 '청년 맑스'의 한계를 정확히 설정하지 않고 맑스와 맑스를 대치시키고 있다. 결국 이러한 방법으로 맑스의 핵심 철학이 왜곡되고 제거된다.

학계에서 맑스의 후기 저술은 초기 저술의 단순한 주석으로 격하되었고 학자들은 그 둘이 서로 모순된다고 주장했다. 하이델베르크 대학의 철학교수였던 헨리히Dieter Henrich, 1927- 를 중심으로 "초기 맑스로 돌아가자"는 외침이 나타난다. 헨리히는 이렇게 말한다. "청년 맑스로의 복귀는 정치적인 입장에서 레닌과 스탈린주의에 반대하는 맑스주의적인 항변이다. 그것이 블로흐Ernst Bloch, 1885-1977와 정당에 가입하지 않는 프랑스 맑스주의자들, 폴란드, 헝가리, 유고슬라비아의 지식인들이 외치는 구호다."* 헨리히가 말하는 '맑스주의적'은 '부르주아적'이라는 말의 위장이다.

프랑크푸르트학파의 하버마스Jürgen Habermas, 1929- 는 이렇게 말했다. "참된 맑스가 초기 저술의 맑스라면 후기 저술의 가치를 격하시키고 철학적 인간학의 시기에 맞게 후기 저술을 수정할 필요가 있다."** 철학적 인간학은 경제문제를 벗어난 인간을 중심으로 철학 문제를 해결하려 하기 때문에 맑스의 입장과 상반된다. 하지만 하버마스는 이 사실을 인정하지 않으려 한다. 이들의 의도는 맑스주의를 노동자의 무기인 과학적 사회주의에서 벗어나게 하는 것이다.

* D. Henrich, *Marxismus-Leninismus, Geschichte und Gestalt*, Berlin, 1961, S.7.
** J. Habermas, *Philosophische Rundschau*, 1957, Heft 3/4, S.194.

맑스가 주장한 소외문제를 비판한 철학자들

미국의 반공주의자 훅[Sydney Hook, 1902-89]도 하버마스와 비슷한 관점에서 말한다. "나는 맑스를 공산주의의 전유물로 인정하는 것을 엄중한 역사적·정치적 오류로 간주한다. 맑스주의는 공산주의를 비판할 수 있는 최선의 입장 가운데 하나다."[*] 훅은 유용성을 진리로 간주하는 미국의 실용주의 철학자다. 그는 실용성을 염두에 두고 맑스주의를 해석한다. 물론 그가 염두에 둔 실용성은 미국의 지배계급에 해당하는 실용성이었을 것이다.

프랑스에서도 상황은 비슷했다. 프랑스의 실존주의자 이폴리트[Jean Hyppolite, 1907-68]는 맑스주의를 헤겔의 아류로 해석했다. "모든 맑스주의적인 사고의 근본이념과 근원은 헤겔과 포이어바흐에서 빌려온 소외론이다."[**] 비고[P. Bigo]는 한걸음 더 나아가 맑스의 『자본론』은 헤겔의 『정신현상학』을 정치적·경제적인 개념으로 재현한 것에 불과하다고 말했다. "정신현상학이 단순히 노동현상학으로, 인간소외의 변증법이 자본소외의 변증법으로, 절대적 인식의 형이상학이 공산주의의 형이상학으로 변환되었다."[***] 비고는 맑스를 헤겔주의자라고 생각했다.

신토마스주의자인 칼베츠[Jean-Yves Calvez, 1927-2010]는 『칼 맑스의 사상』[La Pensée de Karl Marx]에서 과학적 공산주의의 사변성을 지적하고 맑스주의의 관념론을 비판하는 것은 소외문제의 사변적 해석이라고 주장했다. 그는 이 책을 통해 맑스주의의 무신론은 종교적 소외이론의 재현이며, 맑스주의의 정치·경제학은 경제적 소외이론이며,

[*] S. Hook, *What left of Karl Marx*, Saterday Review, 1956, N. 6, p.58.

[**] J. Hyppolite, *Études sur Marx et Hegel*, Paris, 1955, p.147.

[***] P. Bigo, *Marxisme et humanisme*, Paris, 1953, p.34.

계급투쟁론, 사회적 생산이론, 프롤레타리아 독재론은 사회정치적 소외이론에 불과하다는 것을 논증하려 했다.

맑스가 헤겔과 포이어바흐의 철학을 극복하지 못했다는 비판

자본주의 사회의 맑스 연구자들은 공통적으로 맑스가 헤겔의 관념론이나 포이어바흐의 인간학을 극복하지 못했다고 주장한다. 그들은 맑스가 처음부터 끝까지 사변적이고 인간학적인 소외이론에 머물렀다고 말한다. 이와 관련해 이폴리트는 이렇게 말한다. "헤겔과 포이어바흐의 소외이론이 맑스의 철학사상의 근원을 형성한다."* 이폴리트는 맑스의『자본론』을 읽지 못했거나 의식적으로 배제하고 있다.

프랑스 실존주의자 무니에^{Emmanuel Mounier, 1905-50}는 맑스의 철학을 기독교의 원죄 및 메시아의 강림과 결부시킨다. 이러한 이론들이 지향하는 목표는 맑스주의 철학을 노동운동에서 분리시키고 노동계급이 해방투쟁에서 맑스주의를 이용하지 못하게 차단하려는 것이다. 이폴리트는 이러한 사실을 공공연하게 밝혔다. "우리는 맑스주의 사상에 담긴 일정한 관념론을 찾아내려 한다. 맑스는 오늘날에 맑스주의의 수정문제가 등장하리라고는 꿈에도 생각하지 못했을 것이다."**

르페브르^{Henri Lefèbvre, 1901-91}는 그의 저서『일상생활의 비판』^{The critique of everyday life}에서 맑스주의 근본내용은 자본주의를 과학적으로 비판하는 데 있지 않고 소외이론을 통해 자본주의와 사회주의를 다

---

* J. Hyppolite, Ebd., p.142.

** J. Hyppolite, *Bulletin de la société française de philosophie*, 1948, p.173.

같이 비판하는 데 있다고 주장했다. 그는 소외는 인류가 극복해야 할 영원한 문제라고 생각했다. 보넬P. Bonnel도 헤겔의 변증법과 맑스의 소외이론이 일치한다고 주장했다. 그는 맑스가 헤겔주의자이고 관념론자이며 서술형식에서만 헤겔과 구분되는 사변적인 철학자라고 이야기했다. 『소외된 인간』Der entfremdete Mensch을 쓴 스위스 학자 포피츠Heinrich Popitz, 1925-2002도 예외가 아니다. 그는 "맑스의 사상은 헤겔이 주장한 '현실화'의 문제영역을 넘어서지 못했다"*고 말했다.

맑스를 비판한 몇몇 철학자를 소개한 이유는 비판의 다양성을 보여주는 동시에 맑스를 향한 이러한 비판이 합당한지를 묻기 위해서였다. 이에 대한 결론은 독자들의 현명한 판단에 맡긴다. 가능하면 독자들이 맑스의 『경제학-철학수고』를 읽어보기 바란다.

칼 포퍼의 비판

맑스주의에 대한 비판은 이미 맑스와 엥겔스가 살아 있을 때부터 시작되었다. 이러한 비판은 맑스와 엥겔스가 죽은 후에 더 강화되었고 수정주의, 사회민주주의, 무정부주의, 신좌파, 신자유주의, 유로공산주의, 프로이트-맑스주의, 프랑크푸르트학파 등 다양한 이름으로 등장했다. 이들의 주장을 포괄적으로 소개하는 포퍼Karl Raimund Popper, 1902-94의 저술 『열린 사회와 그 적들』The Open Society and its Enemies 은 맑스주의를 이해하고 비판하는 데 도움을 줄 것이다. 맑스를 비판하는 철학자들의 이론에는 많은 차이가 있지만 그들은 공통적으로 맑스주의에 나타난 '계급투쟁론' '프롤레타리아 독재론' '혁명론'의 부당

---

* H. Popitz, *Der entfremdete Mensch*, Basel, 1953, S.129.

성을 지적하고 그 이론이 맑스주의와 무관하다고 주장한다.

　포퍼는 오스트리아 출신으로 런던대학에서 경제학과 정치학을 가르쳤다. 포퍼는 그의 저서『열린 사회와 그 적들』에서 사회주의 건설을 둘러싸고 나타나는 현대의 사회민주주의와 맑스주의와의 이념적 차이를 자세하게 서술했다. 그는 이 책에서 맑스의 이론이 아무런 제한도 없이 발전하던 자본주의를 염두에 두고 기술되었기 때문에 오늘날에는 이미 낡은 이론이라고 주장한다. 오늘날 정부는 민주적으로 경제문제를 다루기 때문에 자본주의는 많은 제한을 받으며 자유로운 사회로 넘어가고 있다는 것이다.

　자본주의가 소멸할 것이라는 맑스의 주장은 옳지만 자본주의가 필연적으로 사회주의로 넘어간다는 주장은 오류다. 현실에서 드러나는 것처럼 자본주의는 조직된 민주사회로 이행하고 있다. '복지사회' '산업사회' '정보화 사회'에서 그러한 움직임이 나타나고 있다. 하나의 이상에 불과한 사회주의는 점차 인류에게 잊혀질 것이다.

　'프롤레타리아 독재'는 사회발전의 시대착오적인 발상이다. '열린 사회'는 프롤레타리아 독재와 조화될 수 없다. 그것은 사회주의 국가들마저 자유롭지 못한 사회로 만들고 있다.

사유재산 폐지를 외친 맑스와 엥겔스

　포퍼의 주장에서 한걸음 더 나아간 라우렛[Lucien Laurat, 1898-1973], 르페브르, 가로디[Roger Garaudy, 1913-] 같은 수정주의 맑스주의자들은 '프롤레타리아 독재'는 맑스가 우연히 발설한 상투어에 불과하며 맑스주의의 근본이론에 속하지 않는다고 주장한다. 그들의 주장을 평가하기에 앞서 맑스와 엥겔스가 '프롤레타리아 독재'에 대해 어떤 입장을 취했는지 알아보기로 하자.

앞에서 이미 살펴본 것처럼 맑스와 엥겔스의 세계관은 한 번에 완성된 것이 아니고 점차 발전했다. 맑스와 엥겔스는 청년 시절에 관념론자로 출발해 청년헤겔파의 입장을 견지하기도 했다. 그들은 포이어바흐의 영향을 받고 관념론을 벗어나 유물론으로 넘어갔으며 1843년 여름에 변증법적 유물론과 역사적 유물론이 기초가 되는 과학적 사회주의의 길로 들어섰다. 그들은 1844년 『독불연보』에 게재한 글을 통해 서로의 세계관이 일치한다는 사실을 확인했다. 맑스는 「유대인 문제에 대하여」에서 인간은 착취국가의 청산과 사유재산의 근본적인 변혁을 통해서만 완전한 해방을 성취할 수 있다고 주장했다. 그는 사회문제의 해결이 인간의식의 변화만으로는 불가능하다고 확신하며 역사발전의 주역인 노동계급에 눈을 돌렸다. 엥겔스는 영국 노동자들의 상태와 역할을 분석하면서 맑스와 비슷한 결론에 도달했다.

맑스와 엥겔스의 세계관이 완성된 시기는 1848년에 공동저술한 『공산당 선언』에서였다. 물론 1847년까지 그들의 저술에 '프롤레타리아 독재'라는 말은 나오지 않았다. 그러나 그 전제는 이미 완성되었다. 그들은 1845년 2월에 출간한 공동저술 『신성가족』에서 바우어를 비롯한 청년헤겔파를 비판하고 자연과 사회에 대한 유물론적이고 변증법적인 이론을 제시하면서 착취자들에 대한 노동자들의 집단적인 투쟁만이 사회를 변혁할 수 있다고 주장했다. 즉 사유재산을 기초로 하는 자본주의적 생산관계의 폐지만이 프롤레타리아를 포함한 전 인류의 해방을 이룰 수 있다는 것이다.

부르주아 국가 청산을 목표로 한 프롤레타리아 독재

맑스와 엥겔스가 공동저술해 1932년 출간한 『독일 이데올로기』에서 혁명이론은 더 강조되었다. 생산력의 발전으로 기존의 생산관계가 더 이상 사회를 지탱할 수 없었고 역사는 이러한 모순을 통해 변화했다. 사회주의 혁명은 그러한 변화를 수행하는 하나의 필연적인 과정이다. 이러한 혁명을 통해 인류 역사에서 처음으로 계급이 소멸했다. 사회적 변화를 이루기 위해서는 노동계급의 정치적인 권력 장악이 필요한데 그것이 바로 '프롤레타리아 독재'다.

'프롤레타리아 독재'는 노동계급을 억압하는 일종의 착취도구인 부르주아 국가의 청산을 목표로 한 과도적인 형태다. 인류 역사에서 어떤 계급도 자신의 권력을 다른 계급에게 양도하며 스스로 물러난 적이 없다. 혁명으로 무너진 자본가계급은 모든 수단을 동원해 혁명을 무력화시키려 했다. 그러므로 노동계급은 사회주의가 공산주의로 발전하는 일정한 기간에 독재를 통해 혁명을 수호해야 한다. 전 인류가 사회주의 혁명에 참여해 이룬 산업 발전으로 공산주의가 건설되면 프롤레타리아 독재뿐만 아니라 국가 자체가 소멸한다.

맑스는 1847년 초반에 프루동의 소시민적 사회주의를 비판하는 『철학의 빈곤』을 저술했다. 그는 이 책에서 '프롤레타리아 독재' 이

넘을 더욱 분명하게 제시하기 위해 '프롤레타리아 독재' 대신 '프롤레타리아의 정치적 지배'라는 말을 사용했다. 맑스와 엥겔스는 1843년부터 사회주의 노동운동에 적극적으로 참여했고 그에 대한 이론을 개진했다. 그들은 이 이론을 1848년 『공산당 선언』에서 완성했다.

프롤레타리아 독재의 탄생

맑스는 1850년에 쓴 저술 『1848년에서 1850년 사이 프랑스의 계급투쟁』에서 '프롤레타리아 독재'라는 표현을 최초로 언급했다. 이 저술은 총 3부로 나뉘어 『신라인 신문』에 게재되었다. 맑스는 프랑스의 역사적 사건을 구체적으로 분석하면서 계급투쟁을 통한 혁명과 프롤레타리아에 의한 정치권력 장악이 혁명의 성취에 필수적임을 역설했다. "사회주의는 계급 구분을 완전히 폐기하기 위한, 계급이 의존하는 전반적인 생산관계를 폐기하기 위한, 이러한 생산관계에 부응하는 전반적인 사회관계를 폐기하기 위한, 이러한 사회관계로부터 발생하는 전반적인 이념을 변혁하기 위한 필연적인 과정으로서의 프롤레타리아의 계급독재다."*

맑스는 1852년 3월 5일 바이데마이어에게 보낸 편지에 이렇게 썼다. "나의 새로운 공적은 첫째, 계급의 존재가 생산의 일정한 역사적 발전과 결부되어 있다는 것. 둘째, 계급투쟁은 필연적으로 프롤레타리아 독재로 나아간다는 것. 셋째, 이 독재 자체는 모든 계급의 폐기 및 무계급 사회로 나아가는 과정에 불과하다는 것을 증명하는

* *MEW*, 7, 89f.

데 있었다."* 계급투쟁과 프롤레타리아 독재는 맑스와 엥겔스의 과학적 사회주의를 이전의 공상적 사회주의와 구분하는 중요한 요소다. 이에 관해서는 마지막 장에서 더 자세히 서술하려 한다.

바이데마이어는 1852년 초에 맑스의 논문 「루이 보나파르트의 브뤼메르 18일」을 발간했는데 그는 이 논문에서 부르주아 국가의 소멸이 프롤레타리아 독재의 방법적인 기초가 된다고 주장했다. 맑스와 엥겔스는 1871년 3월 18일에서 5월 28일까지 계속된 '파리 코뮌'을 '프롤레타리아 독재'의 전형으로 간주했다. 맑스는 그 내용을 『프랑스 내전』*The Civil War in France*에 담아 1871년 6월 런던에서 영어로 출간했는데 그는 이 책에서 파리 코뮌을 '노동계급의 통치'라고 표현했다. 엥겔스는 이 책의 독일어 번역본을 내며 「서문」에서 이렇게 말했다. "독일의 속물들은 프롤레타리아 독재라는 말에서 항상 은밀한 공포를 느낀다. 좋다, 여러분은 이 독재가 어떻게 생겼나 보고 싶은가? 파리 코뮌을 보라. 그것이 바로 프롤레타리아 독재다."**

프롤레타리아 독재를 둘러싼 무정부주의자들과의 논쟁

맑스와 엥겔스는 '프롤레타리아 독재'를 둘러싸고 무정부주의자들과도 논쟁을 벌여야 했다. 그들은 1871년부터 무정부주의자 바쿠닌*Mikhail Aleksandrovich Bakunin, 1814-76* 및 그 동조자들과 논쟁을 벌였다.

바쿠닌은 노동계급을 통한 국가권력의 사용과 노동계급의 역사적 역할을 파악하지 못했고 노동자들의 정치투쟁이나 독자적인 프롤레타리아 정당의 결성을 부정했다. 그는 대중이 자본주의 사회구

---

* *MEW*, 28, 507f.
** *MEW*, 22, 199.

조를 무너뜨리면 국가는 자동적으로 종말하고 곧바로 개인들의 자유로운 집합체가 이루어진다고 생각했다. 그는 자신이 국가를 포함한 모든 통치권력과 적대적임을 선언했다. 그 때문에 사람들은 그를 무정부주의자라 불렀지만 그는 그것을 사회 혁명가들의 신념이라 여겼기 때문에 개의치 않았다. 바쿠닌은 실제로 자신이 모든 권력의 적이라고 주장한다. 맑스와 엥겔스는 노동계급이 스스로 국가권력을 쟁취하지 못하면 사회주의 혁명은 실패할 수밖에 없다고 주장했다.

맑스와 엥겔스는 1872년 9월 헤이그에서 개최된 제1인터내셔널 제5차 총회에 처음으로 함께 참석해 이 싸움에 결단을 내려 했다. 바쿠닌은 총회에 참석하지 않았고 결국 인터내셔널에서 축출되었다. 맑스와 엥겔스는 끝까지 이들과 투쟁했다. 무정부주의는 국가와 프롤레타리아 독재에 관한 맑스주의 이론에 심각한 손상을 입혔다. 엥겔스는 『가족, 사유재산, 국가의 기원』에서 이 문제에 대해 이렇게 결론을 내렸다. "계급과 함께 필연적으로 국가가 소멸한다."*

* *MEW*, 21, 168.

18 공상에서 과학으로

합리적인 개인주의가 불가능한 자본주의 사회

맑스와 엥겔스의 사상은 왜 이전의 사회주의에 비해 과학적인가라는 물음에 대한 해답은 과학적 사회주의의 정당성을 규명하는 데 매우 중요한 근거가 된다. 일반적으로 사회는 개인의 결합으로 구성된다. 개인은 사회를 구성하는 세포와 같다. 그러나 개인이라는 세포는 동일하지 않으며 질적으로 상반되는 경우도 있다. 그러므로 사회의 존속이나 조화를 위해서 개인 사이의 상호관계가 매우 중요한 역할을 한다. 개인주의와 사회주의는 개인이 어떤 입장으로 타인과 관계를 맺으며 그것이 사회의 발전에 어떤 영향을 미치는지를 고려하면서 발생했다.

사회주의는 개인보다 사회의 이익을 중시하는 정치적·사회적·도덕적 입장이고 개인주의는 사회보다 개인의 입장을 중시하는 인생관이다. 물론 개인의 이익과 사회의 이익이 전적으로 또는 상당부분 일치하는 사회에서 개인주의는 의미를 잃게 된다. 일반적으로 "하나는 전체를 위하여, 전체는 하나를 위하여"라는 기치가 실현되고 있는 사회구조 안에서는 개인주의와 사회주의가 서로 마찰을 일으키지 않는다. 그러나 모든 것이 개인의 능력에 따라서 결정되는, 다시 말해 개인의 무한한 경쟁이 삶의 원리가 되는 자본주의 사회구조 안에서 개인주의는 반사회적인 행동규범이 될 수 있으며 그에 대한 장단점이 논의의 대상이 된다.

어떤 자본주의 학자들은 개인주의와 이기주의를 구분지어 타인에게 해를 끼치면서 자신의 이익을 추구하는 이기주의와 달리 타인에게 해를 끼치지 않고 자신의 이익을 추구하는 개인주의는 해롭지 않다고 말한다. 다시 말하면 '합리적인 개인주의'가 가능하다는 주장이다. 그러나 경쟁원리를 내세우며 인간이 인간에게 늑대가 되지 않으면 안 되는 자본주의 사회에서 그것은 공허한 구호에 불과하다. 합리적이거나 이성적인 개인주의는 자본주의를 옹호하려는 자유주의자들이 들고 나오는 일종의 궤변이고 속임수다. 자본주의 자체가 타인에게 해를 끼치지 않고 자신의 이익을 추구하는 것을 불가능하게 만드는 사회구조이기 때문이다.

자본주의 사회의 본질을 보지 못하고 그 현상에 만족하는 사람에게는 이성적인 개인주의가 가능한 것처럼 느껴진다. 개인주의와 이기주의는 결코 상반된 개념이 아니며 동전의 양면처럼 서로 얽혀 있다. 우리는 개인주의가 더 이기적이냐, 사회주의가 더 이기적이냐를 논할 수 있지만 이기주의와 상반되는 개인주의를 논할 수는 없다. 오히려 이기적인 개인주의를 그 자체로 옹호하는 니체 같은 철학자가 더 솔직하다고 말할 수 있다.

공상적 사회주의와 과학적 사회주의의 차이점

공상적 사회주의와 과학적 사회주의는 다 같이 개인주의를 극복하고 공동적인 사회생활을 중요시하는 철학이다. 그러나 개인의 이기심이 극복되는, 다시 말해 개인주의가 극복되는 공동사회의 실현을 둘러싸고 많은 주장이 나타났다. 그 대표적인 이론이 공상적 사회주의와 과학적 사회주의다.

이제 공상적 사회주의와 과학적 사회주의가 제시하는 이념 및 실현방법과 연관해 이들의 차이점을 알아보기로 하자. 이미 앞의 장에서 살펴본 것처럼 공상적 사회주의는 자본주의가 발전하면서 나타나기 시작한 사회적 모순을 발견하고 그것을 해결하려는 이상을 제시했다. 공상적 사회주의는 비참하게 연명해가는 하층 민중을 동정하며 민중의 계몽과 지배층의 각성을 촉구하는 역할을 수행했다. 하지만 자본주의 사회의 근본적인 모순, 즉 노동계급과 자본계급 간의 적대적인 모순이 아직 전면에 드러나지 않았을 때의 사회관계를 반영했다.

공상적 사회주의자들은 일반적으로 관념론이나 종교의 입장에서 자본주의 사회의 모순을 무지와 몽매의 산물로, 이성과 지혜가 발달하지 못한 데서 오는 결과로 설명했다. 그렇기 때문에 사람들이 계몽되어 이성이 발달하면 사회정의가 어디서나 실현될 수 있다고 믿었다. 이들은 경제개혁을 통한 점진적인 사회개혁을 주장하고 그것을 이상으로 삼았다. 맑스와 엥겔스도 어떤 의미에서 처음에는 공상적 사회주의를 지지하는 철학자들이었다. 그러나 사회적 모순이 첨예화되고 노동운동이 거세지면서 이들은 이상에만 머물 수 없었다. 그들은 구체적인 실현 방법에 눈을 돌리기 시작했다.

맑스와 엥겔스가 과학적 사회주의 이념에 도달하게 된 과정

맑스가 확실하게 과학적 사회주의 이론가가 된 시점은 파리에서 『독불연보』를 발간하던 때였다. 이때 그는 이미 헤겔의 법철학과 포이어바흐의 유물론을 섭렵하고 그에 대한 비판적인 입장을 지니고 있었다. 헤겔은 "모든 현실적인 것은 이성적이다"라는 주장과 함께 프로이센의 군주국이 이성을 체현하는 가장 자유로운 국가라는 환상에 빠져 있었다. 포이어바흐는 인간을 소외시키는 종교가 극복된다면 인간다운 사회가 실현될 수 있다고 생각하면서 유물론의 정당성을 제시했다. 그러나 맑스와 엥겔스는 이들의 이론이 그 자체로도 한계가 있으며 실천적으로 새로운 현실에 부합하지 않는다는 사실을 인식했다.

휴머니즘이나 인간해방은 이론만으로 실현될 수 없으며 현실에 대한 분석과 비판을 통한 실천이 결부되어야 한다. 헤겔은 역사발전을 포괄적으로 파악하려 했지만 그의 철학적인 관념론 때문에 현실이 거꾸로 서 있는 형상을 만들어냈다. 포이어바흐는 종교와 철학, 관념론과 유물론의 관계에서 결정적인 해답을 주었지만 자연과 인간의 관계에 너무 집중한 나머지 사회문제를 소홀히 했다. 포이어바흐는 "인간은 먹는 존재다"라고 말하면서 의식주가 기본이 된다는 사실을 강조했지만 의식주의 본질을 해명하는 경제문제 연구에 눈을 돌리지 않았다.

이에 비해 맑스와 엥겔스는 파리에서 만난 프랑스 공상적 사회주의자들의 이론과 실천, 영국 노동운동의 체험 등을 통해 인간의 참된 해방이 무엇이며 그러한 해방이 어떤 방식으로 실현될 수 있는지를 심각하게 논의했다.

과학적 사회주의 이념의 구체화

맑스와 엥겔스의 과학적 사회주의에 대한 이념은 1844년『독불연보』에 실린 논문에서 구체화되기 시작했다. 루게와 맑스는 이 잡지의 이념인 사회의 민주화와 인간해방 문제를 둘러싸고 의견 차이가 있었는데 이는 맑스가 과학적 사회주의로 들어서고 있음을 잘 보여주었다. 프랑스 정부가 이 잡지의 발간을 금하고 여기에 관계되는 인물들의 체포 또는 추방을 예고하자 자본을 투자했던 루게는 맑스를 원망하기 시작했다.『독불연보』에 게재한 맑스의 논문이 너무 급진적이고 사회주의적이었기 때문이다. 루게는 당시 노동운동을 과소평가하면서 이념의 혁명을 통해 정치 구조를 바꿀 수 있다고 생각했다. 반면에 맑스는 이념이 노동자나 민중의 가슴속으로 들어가지 못한다면 이념은 참된 인간해방을 실현하는 무기가 되지 못하고 이론으로 끝나버린다고 주장했다.

그런 이유에서 맑스는「헤겔 법철학 비판 서설」에서 "이론은 대중의 마음을 사로잡자마자 강력한 무기가 된다"고 말했다. 그는 무산계급인 프롤레타리아를 언급하면서 이렇게 말했다. "철학이 프롤레타리아에서 물질적인 무기를 발견하는 것처럼 프롤레타리아는 철학에서 정신적인 무기를 발견한다. 사상의 번개가 소박한 민중 속으로 깊이 파고들 때 독일인의 인간해방이 완수될 것이다. …이러한 해방의 두뇌는 철학이며 그 가슴은 프롤레타리아다. 철학은 프롤레타리아의 해방 없이 실현될 수 없고 프롤레타리아는 철학의 실현 없이 해방될 수 없다."*

한편 엥겔스는 영국 맨체스터에 머물면서 차티스트들이 주도하는 영국 노동운동을 목격했다. 그는 『독불연보』에 게재한 논문을 통해 경제적인 혁명이 인간혁명의 전제이며 여기서 가장 중요한 문제는 사유재산이라고 주장했다. 그는 자본주의 사회의 경쟁과 사유재산이 필연적으로 인간을 도덕적으로 타락시키며 범죄를 유발하는 원인이 된다는 사실을 지적하면서 사회주의의 실현만이 인간해방을 가져올 수 있다고 말했다. 동시에 그는 자본집중과 축적에 의한 중소기업의 몰락, 주기적인 경제공황의 도래를 예견하면서 맑스의 『자본론』보다 앞서 사회주의 혁명의 필연성을 강조했다.

철학을 통해 인간에 대한 사랑을 실천한 맑스와 엥겔스

맑스와 엥겔스는 파리에서의 만남을 통해 사회주의 혁명의 정당성을 확신하고 서로가 헤어질 수 없는 이념적인 동지임을 굳게 믿었다. 그러나 자본주의 사회의 비판이나 사회주의 혁명의 필연성을 확신하는 것만으로 문제가 해결되지는 않았다. 그들에게는 구체적인 실현방법을 연구하고 혁명과 역사발전의 주체인 노동자들의 손

* *MEW*, 1, 385.

에 쥐어줄 이념적인 무기가 필요했다. 그들은 그 이념적인 무기를 만들기 위해서 철학, 정치학, 경제학을 열심히 연구하고 실천적인 노동운동과 연관을 맺었다.

맑스와 엥겔스는 과학적인 철학은 오직 유물론뿐이라는 사실을 확신하고 유물론을 혁명이론에 적용하려 했다. 사회변혁과 혁명을 위한 철학은 정태적인 유물론만으로 부족하며 혁명철학의 진수인 변증법이 가미되어야 한다. 아니, 유물론과 변증법이 유기적으로 통일되어야 한다. 이렇게 해서 맑스주의의 과학적 철학인 변증법적 유물론이 탄생했다.

맑스와 엥겔스는 역사와 사회문제에도 관심을 가졌다. 역사와 사회문제는 사변적으로 접근하면 공상적 사회주의자들이 그랬듯 이상적인 예언으로 끝나고 만다. 그렇기 때문에 사회구조의 과학적인 연구에서 출발해야 한다. 맑스와 엥겔스가 심혈을 기울여 자본주의 경제학을 분석한 것은 바로 그런 이유 때문이다. 역사와 사회를 객관적으로, 즉 과학적으로 분석하고 규명하지 않는 철학은 공상에 머문다.

맑스와 엥겔스는 공상적 사회주의자들의 실패를 발판 삼아 자연, 인간, 사회, 역사를 가장 과학적으로 연구하고 해명한 철학자들이다. 그들은 연구결과를 토대로 역사이론, 혁명이론, 인간이론을 구축했으며 그것을 총괄한 이론이 역사적 유물론 또는 유물사관이다. 그들은 유물론적인 혁명이론 때문에 지배계급과 교회의 박해를 받았지만 과학적 통찰이라는 학자의 양심과 인간에 대한 사랑이라는 휴머니즘 실천에서 한시도 눈을 떼지 않았다. 그 결실인 맑스와 엥겔스의 철학은 인류가 나아가야 할 미래에 한 줄기 희망의 빛을 던져주었다.

보편적인 사랑을 향한 사회주의

1880년 파리에서 엥겔스의 저술 『공상에서 과학으로의 사회주의의 발전』 *Die Entwicklung des Sozialismus von der Utopie zur Wissenschaft* 이 발간되었다. 우리는 『반뒤링론』의 요약이라 말할 수 있는 이 책에서 공상적 사회주의와 과학적 사회주의의 차이점을 잘 파악할 수 있다. 그러나 맑스와 엥겔스는 이미 초기의 공동저술 『독일 이데올로기』에서 이념만 가득하고 현실성이 희박한 이른바 '진정한 사회주의자들'을 비판하기 시작했다.

"일련의 저술가들이 등장해 프랑스와 영국의 공산주의 이념을 받아들인 후 그것을 독일의 철학적인 전제들과 결합시켰다. 이러한 '사회주의자' 또는 '진정한 사회주의자'들은 그러한 외국의 저술들이 특정한 국가의 특정한 계급이 지니는 실천적인 요구나 생활관계를 반영하고 있다는 사실을 미처 생각하지 못했다. …그들이 문제 삼은 것은 '이성적인 사회질서'이지 특정한 계급이나 시대의 요구가 아니라는 환상을 문자 그대로 받아들였다."*

"'과학'에 뿌리를 내리고 있다고 주장하는 '진정한 사회주의'는 근본적으로 하나의 신비적인 과학이다. …진정한 사회주의는 현실적인 인간이 아니라 '인간 그 자체'에 관심이 있으며 모든 혁명적

* *MEW*, 3, 441.

인 정열을 잃어버리고 그 대신 인류에 대한 보편적인 사랑을 부르짖는다."*

비과학적 사회주의의 한계

공상적 사회주의를 비판한 엥겔스의 저술『공상에서 과학으로의 사회주의의 발전』은 큰 인기를 얻었고 1892년에 영어판이 나왔을 당시 이미 10개 국어로 번역되어 있었다. 엥겔스는 영어판 「서문」에서 이 저술의 의의를 자세히 밝혔다. 이 저술은『반뒤링론』의 발췌다. 뒤링은 베를린대학 강사였는데 철학적으로는 실증주의적 관념론자였다. 그는 스스로를 사회주의자라 공언하며 이전의 사회주의를 비판하고 새로운 사회주의 이념을 제시하려 했다. 물론 맑스와 엥겔스도 비판대상이었다.

엥겔스는 뒤링의 비과학적인 사이비 사회주의에 대항하기 위해 광범위한 영역에 걸친 저술을 했다. 엥겔스는『공상에서 과학으로의 사회주의의 발전』영문판 「서문」에서 과학적 사회주의 이론의 바탕에는 유물론이 자리 잡아야 한다고 강조하며 유물론의 역사부터 소개한다. "17세기 이래로 모든 근대 유물론의 본고장은 영국이다. '유물론은 바로 영국이 낳은 아들이다.'"**

영국은 후기 스콜라 철학자 스코투스^Johannes Duns Scotus, 1266-1308에서 출발해 베이컨, 홉스^Thomas Hobbes, 1588-1679, 로크에 이르기까지 위대한 유물론 철학자들을 배출했다. 그런데 철저하고 심오한 독일인들에 비해 '점잔을 빼고 속물적인' 영국인들은 유물론이 마치 '불

* *MEW*, 3, 442-443.
** *MEW*, 19, 527.

결한 군중'의 사상인 것처럼 혐오하기 시작했다. 영국의 유물론은
이신론이라는 타협적인 무신론으로 후퇴했으며 그 결과 자본주의
와 그 산물인 무산대중의 출현에도 영국의 사회주의는 공상에 머물
고 말았다.

유물론 철학만이 자연이나 사회를 과학적으로 해명하며 신의 섭
리 같은 신비적인 해석을 허용하지 않았다. "우리가 알고 또 알 수
있는 한에서는 우리의 창조자나 지배자는 결코 존재하지 않는다.
우리가 아는 한에서는 물질이나 에너지 또한 창조될 수 없고 소멸
할 수도 없다. 우리에게 사유란 에너지의 한 형태, 뇌수의 한 작용에
지나지 않는다."* 자연의 창조뿐만 아니라 역사발전도 신의 의지가
아니라 경제관계가 중요한 발전요인이다. 매 시기의 지배계급은 지
배와 통치의 수단으로 종교를 이용했을 뿐이다. "유물론이 프랑스
혁명의 신조가 되면 될수록 미신적인 영국 부르주아는 더욱 굳게
자기 종교를 고수했다."**

변증법의 중요성

엥겔스는 『공상에서 과학으로의 사회주의의 발전』에서 유물론
과 함께 형이상학적 사고방식과 상반되는 변증법의 중요성을 강조
했다. "형이상학적 인식방법은 개별 사물 때문에 그들의 상호연관
성을 보지 못하고, 존재 때문에 발생과 소멸을 보지 못하며, 정지 상
태 때문에 운동을 잊어버린다. …좀 더 면밀히 연구해보면 우리는
어떤 대립물의 양극인 긍정과 부정은 서로 대립하면서 동시에 서로

* *MEW*, 19, 532.
** *MEW*, 19, 538.

나뉠 수 없다는 것, 그것들은 모든 대립에도 불구하고 서로 침투한다는 사실을 알게 된다. …자연은 변증법을 검증하는 시금석이다."*

"자연과 역사에 관해 전체적으로 완결된 인식체계는 변증법적 사유의 기본 법칙과 모순된다. 변증법적 사유의 기본 법칙은 외부 세계 전체에 대한 체계적 인식이 세대가 바뀜에 따라 거대하게 발전할 수 있다는 것을 결코 배제하지 않을 뿐만 아니라 오히려 그것을 전제로 한다."**

유물론과 변증법을 잘 이해하지 못했던 이전의 사회주의자들은 노동자들이 착취당하는 사실을 목격하면서도 그 원인을 명확하게 해명할 수 없었다. 엥겔스는 유물사관이 비로소 그 원인과 해결책을 과학적으로 발견했다고 주장한다. "유물사관과 잉여가치라는 위대한 발견을 통해 자본주의의 생산이 지니는 비밀을 폭로한 것은 맑스의 공적에 속한다. 이제는 무엇보다도 이 과학을 모든 상호연관 속에서 세세한 부분까지 완성해나가는 것이 중요하다."***

사회주의의 공적과 한계를 밝힌 엥겔스

여기서 우리는 몇 가지 사실을 확인할 수 있다. 첫째, 공상적 사회주의에는 사회분석에서 관념론적 사고가 우세하다. 그러므로 사회의 모순을 척결하는 방법을 구체적으로 제시하지 못했다. 공상적 사회주의는 근본적인 사회변혁 방법인 혁명의 필연성이나 결과에 대해서 과학적인 결론을 내리지 못하고 보편적인 사회개선의 수준에 머물렀다. 둘째, 공상적 사회주의는 아직 성숙하지 못한 무산계

* *MEW*, 19, 204-205.
** *MEW*, 19, 06
*** *MEW*, 19, 209.

급이 소시민적 이해관계를 반영하는 이념이었다. 셋째, 공상적 사회주의는 비참한 사회관계를 지배자의 사려, 정의감, 양심 등에 호소하면서 개선하려 했다. 그러므로 여기에는 종교적인 이웃사랑의 정신이 깃들어 있다.

엥겔스는 결코 이에 만족하지 않았다. 그는 이러한 사회주의의 공적과 한계를 밝혀냈을 뿐만 아니라 그 한계를 극복할 수 있는 과학적인 방법을 제시했다. 19세기 초반의 공상적 사회주의는 시민계급이 봉건귀족에게 대항해 해방투쟁을 전개하던 시기에 발생했다. 그런데도 공상적 사회주의자들은 법 앞의 평등이라는 정치적 해방뿐만 아니라 경제적 평등을 고려하기 시작했다. 이들은 생산수단을 소유하며 놀고먹는 자산계급과 생산수단을 소유하지 못한 채 노동에만 의존하는 무산계급 사이의 갈등이 고조되어가고 있다는 사실에 주목했다.

생시몽의 견해와 엥겔스의 비판

엥겔스는『반뒤링론』에서 19세기 초반의 공상적 사회주의자들을 하나하나 해석하고 그 장단점을 지적했다. 최하층의 가난한 계급이 겪고 있는 비참한 운명에 눈을 돌린 생시몽은 프롤레타리아라는 개념을 어느 정도 이해하고 있었다. "그가 이미 1802년에 프랑스혁명을 귀족과 시민계급과 무산자 사이의 계급투쟁으로 파악한 것은 최고의 천재적인 발견이었다."*

생시몽은 정치학을 생산과학으로 정의하면서 종래의 정치학이

* *MEW*, 20, 241.

경제학으로 흡수될 것이라 예언했다. "경제 상황이 정치 제도의 토대라는 인식이 여기서는 단지 맹아의 형태로 나타나 있지만 인간에 대한 정치적 지배에서 사물의 관리 및 생산과정에 대한 규제로의 이행, 곧 최근에 많은 논쟁을 불러일으켰던 국가폐지론이 명백하게 표현되었다."*

생시몽은 모든 인간이 노동을 해야 한다고 강조했는데 엥겔스는 그것은 프랑스혁명이 기치로 내세운 사회적 정의와 평등이 실현되지 않았음을 지적한 말이라고 해석했다. 생시몽은 '놀고먹는 자'와 '일하는 자'를 구분했는데 그것은 자본주의 사회에서 나타나는 생산수단의 소유자와 노동자 사이의 구분을 의미한다. 착취의 개념이 그 안에 포함되어 있다.

푸리에 이념의 장점

엥겔스는 푸리에의 사회비판적이고 역사철학적인 이념이 지닌 장점을 세 가지로 요약했다. 첫째, 푸리에는 자본주의 사회의 물질적·정신적 비참을 지적하면서 이성적인 사회, 자유로운 사회의 실현이라는 계몽주의 철학의 이상이 어긋났다는 사실을 밝혔다. 둘째, 푸리에는 최초로 여성해방을 인간해방의 척도로 삼았다. 셋째, 푸리에는 역사의 변증법적 발전을 파악했다. "푸리에는 그의 동시대인인 헤겔에 못지않게 변증법을 능숙하게 구사한다."** 엥겔스는 빈곤이 과잉 그 자체에서 발생한다는 푸리에의 주장을 높이 평가하면서 푸리에는 이미 자본주의가 제국주의로 발전할 가능성을 예감했

* *MEW*, 20, 241.
** *MEW*, 20, 243.

다고 해석했다.

오언에 대한 엥겔스의 견해

엥겔스는 오언이 영국 노동운동에 미친 영향을 강조했다. "영국에서 이루어진 노동자의 이해를 대변하는 모든 사회운동과 현실적 진보는 오언의 이름과 결부되었다."* 오언은 자본주의 사회의 모순을 극복하고 사회정의를 실현하는 데 방해가 되는 세 가지 요인은 사유재산, 종교, 부르주아적 결혼이라고 말했다. 그는 프랑스 계몽주의 철학의 유물론을 신중하게 받아들이면서 교육의 중요성을 강조했다. 오언의 실천적인 시도가 실패한 것은 자본주의적 생산관계가 존속하는 상황에서였다. 엥겔스는 그런 생산관계를 무너뜨리고 참다운 정의를 실현해야 한다는 과학적 사회주의 이념을 제시했다.

엥겔스는 정의로운 사회 변화는 자선가들의 노력, 자본가들의 이성, 협동농장의 건설을 통해서 실현될 수 없으며 사회혁명을 통해서만 실현될 수 있다고 주장했다. 사회혁명을 실현하는 주체는 바로 노동계급이다. 그는 자본주의 사회의 근본 모순이 사유재산과 연관된다는 사실을 지적했고 사유재산은 휴머니즘 및 인간의 자유와 존엄성의 실현을 가로막는 가장 큰 장애물이라는 것을 밝혔다.

공상적 사회주의자들의 이념적 한계

엥겔스는 공상적 사회주의자들의 이념이 지니는 장단점과 한계를 날카롭게 지적했고 그것이 공상적 사회주의와 과학적 사회주의

* *MEW*, 20, 245.

를 가늠하는 잣대가 되었다.

공상적 사회주의자들은 사회적 모순을 해결하는 구체적인 방법을 제시하지 못했다. 그들은 노동자가 중심이 되는 무산대중이 자본주의 사회구조 안에서 고통받는 수동적인 계급이 아니라 이러한 사회구조를 변혁할 수 있는 능동적인 계급이라는 사실을 파악하지 못했다.

공상적 사회주의자들은 그들의 이론을 실천과 결합시킬 수 없었다. 그들은 노동자가 단결하여 모든 인간이 소외를 느끼지 않고 창조적인 활동을 할 수 있는 사회를 건설하는 주체라는 사실을 인식하지 못했기 때문이다. "그러나 그 당시에 자본주의적 생산양식과 그에 따른 부르주아지와 프롤레타리아의 대립은 아직 발전하지 못한 상태였다. 영국에서 처음으로 등장한 대공업이 프랑스에는 아직 알려지지 않았다. 그러나 대공업은 생산양식의 혁명을 불러일으키는 충돌뿐만 아니라… 이 충돌을 해결할 수 있는 수단을 발전시켰다."* 그것이 바로 프롤레타리아의 등장이었는데 처음에 이 계급은 자조능력이 없어 외부의 도움만을 기다리고 있었다. 이에 반해 과학적 사회주의를 주장한 엥겔스는 노동계급이 스스로의 힘으로 사회를 변혁하는 주인이 될 수 있다고 강조했다.

* *MEW*, 20, 240.

실현 가능한 이상세계를 위하여

· 책 끝에 붙이는 말

　　자연과 사회를, 즉 세계를 구체적으로 변화시킬 수 없는 철학은 큰 가치가 없으며 언어의 유희에 그치고 만다. 공상적 사회주의가 좋은 의도를 지녔음에도 일종의 소설로 끝난 것은 그것이 참된 철학을 바탕에 두지 못했기 때문이다. 이는 자연과 인간, 그리고 사회를 과학적으로 분석하고 그 결과에 따라 인류가 나아가야 할 미래를 제시하지 못했음을 의미한다. 그런데도 공상적 사회주의는 현실의 모순에 직면해 체념하는 사람들에게 일종의 희망과 용기를 주었다.

　　과학적 사회주의는 공상적 사회주의를 거울삼아 과학적인 방법으로 이상적인 사회의 실현을 추구했다. 인류 역사에는 그러한 시도가 성공한 경우도 있고 실패한 경우도 있다. 그 실현은 우여곡절과 난관을 겪는다. 그러나 많은 좌절에도 인류는 그 꿈을 아직 버리지 않았다. 꿈이 없는 인간은 보잘것없는 자연물에 지나지 않는다.

　　과학적 사회주의를 실현하려 했던 맑스주의가 나타난 후 많은 세월이 흘렀다. 이들의 철학을 실현한 사회는 성공하기도 했고 실패하기도 했다. 이들의 철학에 대한 비판도 많았다. 그러나 시대적인 한계에도 맑스주의 철학의 유효성은 아직 남아 있다. 맑스주의 철학은 사람이 자주성을 획득하고 진정한 주인이 되는 사회, 인간이 인간을 착취하지 않는 사회, 모두가 소외를 벗어나 창조적인 활동을 할 수 있는 이상적인 사회를 과학적으로 제시하기 때문이다. 철학에 관심이 있거나 철학을 공부하려는 사람은 진솔한 마음으로 맑스와 엥겔스의 가르침을 귀담아 들어야 하고 그것을 우리 민족의 역사적 현실과 연관해 비판하고 평가할 수 있어야 한다.

사회주의 사상을 비판하는 사람들은 인간의 본능적인 소유욕은 영원히 변하지 않기 때문에 사회주의는 실현될 수 없다고 주장한다. 그러나 우리는 인간의 소유욕이 영원히 변할 수 없는 인간의 본질인가, 아니면 사회구조를 통해서 규제되고 변할 수 있는 특성인가의 문제를 둘러싸고 신중하게 고민해야 한다. 인간의 소유욕이 이성적인 통찰로 무의미해지는 사회가 이루어진다면 인류의 많은 재앙은 사라질 것이다. 전쟁, 침략, 인간소외의 가장 큰 원인이 무절제한 인간의 소유욕이라는 사실을 부정할 수 없을 때 사회주의는 일정한 사람들의 이상이 아니라 인류의 이상이자 실현 가능한 과제가 되는 것이다. 사람은 누구나 행복을 원하기 때문이다.

참고문헌

A. Bebel, *Charles Fourier: Sein Leben und seine Theorien*, Leipzig, 1978.

A. Cornu, *Karl Marx und Friedrich Engels: Leben und Werk: 3. Bände Erster Band*, Berlin, 1954.

Charles Fourier, *Ökonomische-philosophische Schriften. Eine Textauswahl.* Hrsg. von Lola Zahn, Berlin, 1980.

_____, *Theorie der vier Bewegungen und der allgemeinen Bestimmungen,* Hrsg. von Theodor W. Adorno, Frankfurt am Main, 1966.

D. Henrich, *Marxismus-Leninismus, Geschichte und Gestalt*, Berlin, 1961.

D. Lübke, *Platon*, Köln, 1984.

Der Frühsozialismus. Ausgewählte Quellentexte, Hrsg. von Thilo Ramm, Stuttgart, 1956.

E. Thier, *Das Menschenbild des jungen Marx*, Göttingen, 1957.

F. Mehring, *Karl Marx: Geschichte seines Lebens*, Berlin, 1979.

F.W. Hegel, *Grundlinien der philosophie des Rechts*, Frankfurt, 1980.

Friedrich Engels: Dokument seines Lebens 1820-1895, Zusammengestellt und erläutert von Manfred Kliem, Frankfurt, 1977.

G. Maritin, *Platon*, Reinbek bei Hamburg, 1969.

G. Meyer, *Friedrich Engels: Eine Biographie,* 2 Bände, Frankfurt am Main, 1975.

H.J. Störig, *Kleine Weltgeschichte der Philosophie*, Stuttgart, 1961.

H. Simon, *Robert Owen: Sein Leben und seine Bedeutung für die Gegenwart*, Jena, 1905.

_____, *Robert Owen und der Sozialismus, Aus Owens Schriften ausgewählt und eingeleitet von H. Simon*, Berlin, 1919.

H. Popitz, *Der entfremdete Mensch*, Basel, 1953.

H. Ullrich, *Der junge Engels*, Berlin, 1961.

Institut für Marxismus-Leninismus beim ZK der SED, *Mohr und General. Erinnerungen an Marx und Engels*, Berlin, 1964.

J. Höppner, W. Seidel-Höppner, *Von Babeuf bis Blanqui. Französische Sozialismus und Kommunismus vor Marx, 2 Bände*, Leipzig, 1975.

J. Hyppolite, *Études sur Marx et Hegel*, Paris, 1955.

K. Kautsky, *Thomas More und seine Utopie*, Stuttgart, 1920.

K.R. Popper, *Die offene Gesellschaft und ihre Feinde*, Bern/Munchen, 1958.

M. Thom, *Dr. Karl Marx, Das Werden der neuen Weltanschauung*, Berlin, 1986.

Institut für Marxismus-Leninismus beim ZK der SED, *Marx · Engels Werke(MEW)*, Berlin, 1956.

P. Bigo, *Marxisme et humanisme*, Paris, 1953.

Platon, *Sämtliche Werke, 3 Bände*, Berlin o. J. (Verlag Lambert Schneider).

S. Hook, *What left of Karl Marx*, Saterday Review, 1956.

Saint-Simon, *Ausgewählte Schriften*, Hrsg. von Lola Zahn, Berlin, 1980.

_____, *Ausgewählte Texte. Mit einem Vorwort*, Kommentaren und Anmerkungen von Jean Dautry, Berlin, 1957.

Sophokles, *Antigone*, Stuttgart, 1978.

T.I. Oiserman, *Die Entfremdung als historische Kategorie*, Berlin, 1965.

_____, *Die Entstehung der marxistischen Philosophie*, Berlin, 1965.

V.I. Lenin, *Drei Quellen und drei Bestandteile des Marxismus*, Berlin, 1987.

W. Markov, *Revolution im Zeugenstand. Frankreich 1789-1799*, Leipzig, 1982.

찾아보기

사회주의 사상가들이 꿈꾼 유토피아

플라톤에서 엥겔스까지 그들의 휴머니즘과 실천적 사랑

지은이 강대석
펴낸이 김언호

펴낸곳 (주)도서출판 한길사
등록 1976년 12월 24일 제74호
주소 10881 경기도 파주시 광인사길 37
홈페이지 www.hangilsa.co.kr
전자우편 hangilsa@hangilsa.co.kr
전화 031-955-2000~3 팩스 031-955-2005

부사장 박관순 총괄이사 김서영 관리이사 곽명호
영업이사 이경호 경영이사 김관영
편집 김지수 백은숙 노유연 김광연 김지연 김대일
관리 이중환 문주상 이희문 김선희 원선아 마케팅 김단비
디자인 창포 031-955-9933
인쇄 현문 제책 현문

제1판 제1쇄 2018년 8월 24일

ⓒ 강대석, 2018

값 14,000원
ISBN 978-89-356-6800-7 04080
978-89-356-7041-3(세트)